Das schönste Puppenhaus der Welt

Das schönste Puppenhaus der Welt

Mary Stewart-Wilson

Fotografiert von David Cripps

Laterna magica

Widmung

Meinem Vater Michael Fox, Coldstream Guards,
von dem ich zum ersten Mal von diesem Haus erfuhr

Anmerkung zu den Preisangaben:
Der Gegenwert für ein Pfund Sterling betrug 1924 ca. 19 Deutsche Reichsmark.

Titelbild: Mit Erlaubnis von Königin Mary besaß die Cauldon Porzellanmanufaktur Nachbildungsrechte für das Puppenhaus. Offizielle Souvenirs waren vier Porzellanmodelle des Puppenhauses von 11,5 cm bis 19 cm Größe. Das teuerste Stück war innen hohl und besaß einen Deckel mit Löchern, durch die man Blumen stecken konnte. Es kostete 12 Shilling Sixpence (62 1/2 p [Newpence]). Von dem hier abgebildeten Modell läßt sich das Dach abnehmen; im Inneren ist ausreichend Platz zur Aufbewahrung von Blumenzwiebeln oder als Schatulle.

Übersetzung: M.-Charlotte Hartmann, München
Herstellungsleitung: Günther Herdin, München
Satz: Satz + Buch W. Hartmann, Gauting
ISBN 3-87467-397-9
Printed in the Netherlands

2. Auflage 1992
Titel der 1988 erschienenen englischen Originalausgabe: Queen Mary' Doll's House

Alle Fotografien des Puppenhauses von Königin Mary und seiner Einrichtung entstanden mit freundlicher Genehmigung Ihrer Majestät der Königin.

Inhalt

Danksagung

Nach Königin Marys Tod wurde das Puppenhaus zunächst Eigentum von Königinmutter Elisabeth. Inzwischen ist es im Besitz von Königin Elisabeth II. Ich bin Ihrer Majestät zu tiefstem Dank verpflichtet für ihre freundliche Genehmigung, die Unterlagen des königlichen Archives einzusehen und das Puppenhaus neu fotografieren zu lassen, was seine einmonatige Schließung erforderlich machte. So hoffe ich, daß die bisher unveröffentlichten Fotografien eine völlig neue Sicht auf die Schönheit dieses einmaligen Hauses und seiner Ausstattung gewähren.

Teile der Einnahmen aus dem Verkauf der englischen Originalausgabe dieses Buches fließen wohltätigen Zwecken zu.

Mein besonderer Dank gilt den verschiedenen Abteilungen der königlichen Hofhaltung für deren fortdauernde Hilfsbereitschaft und Unterstützung während dieses Projekts. Es sind dies im einzelnen die folgenden Personen und Abteilungen:

The Lord Chamberlain's Office
Oberstleutnant Sir John Johnston
David Rankin-Hunt
Juliet Marsham

The Master of the Household's Department, Buckingham Palace
Adrienne de Trey White
Heather Colebrook

The Royal Collection Department
Sir Oliver Millar
Sir Geoffrey de Bellaigue
Marcus Bishop
Robert Cook

Royal Library, Windsor Castle
Oliver Everett
The Hon. Mrs. Roberts
Bridget Wright

The Royal Archives, Windsor Castle
Elizabeth Cuthbert
Frances Dimond

The Superintendent's Office, Windsor Castle
Major Jim Eastwood
David Whincup

District Works Office, Windsor Castle
Edwin Norton
Michael Threser

Mein herzlicher Dank gilt außerdem folgenden Personen und Institutionen: The Hon. Hugh und Mrs. Astor; Colin Amery; Anthony Berry und Christopher Berry Green, Berry Bros & Rudd Ltd.; Sir Michael Colman Bt, Reckitt & Colman Ltd.; Hugh Roberts, Christie's; Theresa Buxton, Cartier Ltd.; Warren Davis; Richard Dunhill, Alfred Dunhill Ltd.; Peter Rossiter, Mail Newspapers PLC; Brian Smith, Daimler & Lanchester Owners Club; Tony Carroll, Fine Art Society Ltd.; W. H. Summers, Garrard & Co. Ltd.; Kevin Roberts, Thomas Goode & Co. Ltd.; David Hordsen, Hoover PLC; James Hardy, Hardy Bros Ltd.; Mary Lutyens; Sir Simon Hornby, W. H. Smith & Son Ltd.; Lord Montagu of Beaulieu und dem National Motor Museum, Beaulieu; The Hon. Richard Beaumont und E. O. Warner, James Purdey & Sons Ltd.; The Royal Warrant Holders Association; Sir Richard Worsley, Pilkington Bros. PLC; Mrs. Angus Ashton, Royal School of Needlework; Kenneth Rose; Mrs. Henry Wrong; Rhona Mitchell, Racal-Chubb Ltd.; Richard Haigh, Rolls-Royce PLC; Peter Bucknall; John Sayers, Gainsborough Silk Weaving Co. Ltd.

Die Zeit, die sie mir widmeten, und ihr Wissen waren für mich von unschätzbarem Wert.

Für die Genehmigung zur Veröffentlichung urheberrechtlich geschützten Bildmaterials schulde ich folgenden Personen und Institutionen Dank:

Ihrer Majestät der Königin (S. 11 und 13), der Hulton Picture Library (S. 17 und 21) und Mary Lutyens (S. 12 und 15)

M. S.-W., 1988

Vorwort Seiner königlichen Hoheit Prinz Michael von Kent

KENSINGTON PALACE,
LONDON, W.8.

I remember very well going to visit the Dolls' House when I was small. It was made for my grandmother, Queen Mary, and it was on display at Windsor Castle. The memories are not all happy ones. The trouble was, I had to sing for my supper, almost literally. There lived in the Castle in those days someone called Mrs. Bruce, who was a glorified housekeeper. What was far more important to a five-year-old was not only that she enjoyed a reputation for making the finest fudge on earth, but that, for some undisclosed reason, it was in her gift to take children to see the Dolls' House. However, I had to sing for both those pleasures.

There are few things in life that put one more at a disadvantage at the age of five than having to sing for something. Mrs. Bruce was an accomplished pianist, and her playing did a certain amount to drown my discordant renderings, but she would choose the most impossible compositions. Walter de la Mare's 'Au Clair de la Lune' was one. My own agony at having to perform was as nothing compared to that of everybody else forced to listen, I am sure; but unless and until I completed every verse, standing beside her at the keyboard and facing my audience, there was no question of any fudge or, worse, a look at the Dolls' House.

The miniature building has always held the greatest fascination for me. The trick used to be to find the snail in the garden, although to this day I cannot recall if there actually was one there. It was probably a ruse to keep me occupied and therefore quiet.

This book is a treasure because it evokes memories of childhood in all of us lucky enough to have known the Queen's Dolls' House. I can highly commend it in the certain knowledge that the rich fantasy it contains is readily available without anyone having to sing for it.

Michael

Übersetzung nächste Seite

Ich kann mich noch sehr gut daran erinnern, wie ich als kleiner Junge das Puppenhaus besichtigen durfte. Es war für meine Großmutter, Queen Mary, angefertigt worden und wurde in Schloß Windsor ausgestellt. Doch meine Erinnerungen sind nicht nur fröhlicher Natur. Denn zu meinem Leidwesen mußte ich fast buchstäblich für mein Abendessen singen. Zu dieser Zeit nämlich waltete eine gewisse Mrs. Bruce im Schloß, ihres Zeichens eine begnadete Hausdame. Und mehr noch als ihr Ruf, die beste Puddingköchin der Welt zu sein, bedeutete für einen Fünfjährigen die Tatsache, daß es aus unbekannten Gründen allein in ihrer Macht stand, Kinder das Puppenhaus ansehen zu lassen. Ich mußte jedoch für jedes dieser Vergnügen erst singen.

Es gibt im Leben nur wenig, was einen Fünfjährigen mehr in Verlegenheit bringen könnte, als für irgendetwas singen zu müssen. Mrs. Bruce war eine achtbare Pianistin, und ihr Spiel trug ein wenig dazu bei, meinen dissonanten Vortrag zu überdecken. Sie suchte jedoch die unmöglichsten Kompositionen aus. Walter de la Mares «Au Clair de la Lune» war eine davon. Ich litt Qualen ob meines Vortrags, doch bin ich sicher, daß meine unfreiwilligen Zuhörer weit Schlimmeres zu ertragen hatten; aber bevor ich nicht auch die letzte Strophe neben dem Klavier stehend und Aug in Aug mit meinem Publikum gesungen hatte, stand jeglicher Pudding oder, weit schlimmer noch, jeglicher Blick auf das Puppenhaus völlig außer Frage.

Das Miniaturhaus hat mich von jeher zutiefst fasziniert. So galt es für gewöhnlich, die Schnecke im Garten zu finden, auch wenn ich mich heute nicht mehr genau erinnern kann, ob da tatsächlich eine Schnecke war. Vielleicht war sie ja auch nur ein Vorwand, um mich beschäftigt und damit ruhig zu halten.

Dieses Buch ist ein Schatz, erweckt es doch in allen von uns, die das Glück hatten, das Puppenhaus der Königin zu kennen, Erinnerungen an die Kindheit. Ich kann dieses Buch jedem nur ans Herz legen, zumal ich weiß, daß die ihm innewohnende Fantasie jedem zugänglich ist, ohne daß er erst dafür zu singen hätte.

Einführung

Denn eines Menschen Haus ist seine Burg.
Sir Edward Coke, 1552–1634

Zu einem Besuch auf Schloß Windsor gehört heute ohne Frage auch die Besichtigung von Königin Marys Puppenhaus. Rund eine halbe Million Besucher passieren jedes Jahr das im 16. Jahrhundert von Heinrich VIII. erbaute Tor und nehmen ihren Weg zur Nordterrasse des Schlosses. Dort können sie die Eintrittskarten kaufen, die ihnen, gezogen und geschoben von all den übrigen Touristen, einen kurzen Blick auf das außergewöhnlichste aller königlichen Kleinodien gestatten.

Detailgetreue Nachbildungen von Häusern waren schon im 16. Jahrhundert beliebt. Häufig wurden die eigenen Häuser von Familien nachgebaut, mit Kopien ihrer Besitztümer ausgestattet und dienten der Dokumentation von Reichtum und bevorzugter Stellung. Viele davon finden sich heute noch in Privatbesitz. Obwohl über Generationen hinweg weitervererbt, sind sie wider Erwarten noch gut erhalten. Für die Kinder adeliger oder reicher Familien hatten diese Häuser wohl eher eine Lernfunktion —«Nicht berühren!» mochte die Devise wohl gelautet haben!

Einzigartig in der Welt der Miniaturen steht Königin Marys Puppenhaus da — am Platz, für den es bestimmt war, auf Schloß Windsor. Für eine regierende Königin gebaut, bewahrt es für kommende Generationen nicht nur Informationen, wie man sie in Geschichtsbüchern kaum finden wird, sondern überliefert auch außerordentliche Beispiele handwerklicher Fähigkeiten. Darüber hinaus zeugt es in unveränderter Form vom Geist seines Architekten Sir Edwin Lutyens.

Miniaturdarstellungen gelten schon lange nicht mehr als Spielerei. Die Worte «Puppe» und «Spielzeug» rufen Erinnerungen an die Träume und Wünsche der Kindheit wach. Doch eigentlich sind Miniaturen mehr als ein Kindertraum, sie sind die beständigen Zeugen, die in uns den Glauben an ideale Welten wachhalten.

Königin Marys maßstabsgetreues Puppenhaus mit seinen vollkommen ausgewogenen Proportionen öffnet den Generationen von heute und morgen eine Pforte in eine längst vergangene Zeit.

1 Der Hausbau

Es muß von Nutzen sein. Es muß verläßlich arbeiten.
Es muß schön sein. Es muß von Dauer sein.
Es muß das beste seiner Klasse sein.
Alfred Dunhills Leitspruch, 1907

Auf den Gedanken, eigens für Königin Mary, die Gattin König Georgs V., ein Puppenhaus zu entwerfen, kam zuerst Prinzessin Marie Louise im Frühjahr 1921. Marie Louise wurde 1872 als jüngste Tochter von Prinzessin Helena, Königin Viktorias neuntem Kind, und deren Gatten, Prinz Christian von Schleswig-Holstein, geboren. Sie war kaum zwei Jahre alt, als ihre Großmutter mütterlicherseits sie bereits als «die arme, kleine Louise — sehr häßlich» beschrieb, doch Fotografien der erwachsenen Prinzessin zeigen, daß sie keineswegs unattraktiv war. Dennoch blieb ihr privates Glück versagt, und ihre früh geschlossene Ehe endete mit der Annullierung. Erst später sollte sie mit Freunden aus der Welt der Kunst, der Musik und der Literatur Zufriedenheit finden.

Die Prinzessin war eine Jugendfreundin der Königin und eine enge Vertraute von König Georg V. Auf dem Familiensitz Cumberland Lodge im Windsor Great Park beobachtete sie an Ostern 1921 nach einem Besuch des Königspaars in Windsor ihre Schwester und ihre Mutter bei der Zusammenstellung einer Auswahl von Miniaturobjekten für die Königin.

Königin Marys Sammelleidenschaft war in den zwanziger Jahren ihrer Familie und dem ganzen Königreich bereits wohlbekannt. Sie erwarb ihre Sammelstücke auf mancherlei Art: über Zufallsfunde, als Gelegenheitskauf in Läden oder auch indem sie unverhohlen ihre Bewunderung für anderer Leute Besitztümer zeigte, was einige dazu veranlaßte, ihre Schätze der Königin zum Geschenk zu machen. Andere dagegen versteckten eiligst ihre Kostbarkeiten, sobald die Königin ihren Besuch ankündigte. Sie war eine begeisterte, wenn auch etwas ziellose Antiquitätensammlerin. Regelrecht verliebt aber war sie in handwerkliche Miniaturobjekte, die in eigens ausgeleuchteten Glasvitrinen untergebracht endlose Räume und Korridore füllten.

All das ging Prinzessin Marie Louise durch den Kopf, und sie schlug einer plötzlichen Eingebung folgend, ihrer Familie vor, einen guten Freund, den Architekten Sir Edwin Lutyens, um den Entwurf eines Puppenhauses für der Königin ganz persönliches Vergnügen zu bitten. Noch im gleichen Jahr traf sie den Architekten bei einem Besuch der Sommerausstellung der Royal Academy und unterbreitete ihm ihren Vorschlag.

Von 1912 bis 1928 war Lutyens für die Neugestaltung von Büroräumen, Prachtstraßen und Palästen der britischen Regierung auf einer Fläche von ca. 200 Quadratkilometern in Neu Delhi verantwortlich. Diese Aufgabe hielt ihn jahrelang jeweils den größten Teil des Winters von England fern. Doch trotz seiner langen Abwesenheit und der während des ersten Weltkrieges nachlassenden Bautätigkeit verließen in den zwanziger Jahren Auftragsarbeiten in stetiger Folge sein Zeichenbrett. Aber erst 1920, mit dem gültigen Entwurf des bestechend schlichten Kriegerdenkmals von Whitehall (es war zunächst eine Konstruktion aus Holz und Gips für den Siegesmarsch der alliierten Truppen im Jahr 1919), wurde die Allgemeinheit auf ihn aufmerksam und begann der Name Lutyens geläufig zu werden.

Von frühester Kindheit an, als Zeichnen für ihn Denken bedeutete «und eine Linie zu ziehen um das Gedenkte», hatte Edwin Landseer Lutyens (1869—1944) ein phänomenales Gedächtnis für Details. Er war das zehnte Kind des Hauptmanns a. D. und professionellen Kunstreiters Charles Lutyens und seiner schönen irischen Gattin Mary. Voller Wissensdurst vereinbarte er in sich eine natürliche mathematische Begabung und «eine geniale kreative Vorstellungskraft», so seine jüngste Tochter, Mary Lutyens.

Seine Ehe mit der exzentrischen Lady Emily Lytton hätte seinen gesellschaftlichen Aufstieg begünstigen können, doch erwies sich Lady Emily als

Ihre Majestät Königin Mary

Sir Edwin Lutyens in den zwanziger Jahren in einem «Napoleon»-Sessel, von denen sich zwei in der Bibliothek des Puppenhauses befinden. Es ist ein Lieblingsentwurf des Architekten und geht auf ein bekanntes Sitzporträt des Kaisers zurück.

Ihre Hoheit Prinzessin Marie Louise

zu schüchtern, um seine Karriere zu fördern. Lutyens' Minderwertigkeitskomplex, der aus einer ärmlichen Kindheit und mangelnder Schulbildung herrührt, war mit ein Grund für sein von Geld und Ehesorgen geplagtes Leben. Doch angeborener Charme und Stilgefühl und seine Bereitwilligkeit, jederzeit einer Einladung zu Mittagstisch oder Dinner zu folgen, machten ihn in der Londoner Gesellschaft der zwanziger Jahre zu einem gern gesehenen Gast.

Es spricht sehr für den Humor des nachlässig gekleideten Brillenträgers, daß er nach dem ersten Schock über das Ansinnen der Prinzessin den relativ bescheidenen Auftrag, ein Puppenhaus für die Königin zu bauen, mit Begeisterung annahm. Zusammen mit seinem Freund, Sir Herbert Morgan, dem Vorsitzenden der Society of Industrial Arts, suchte er alsbald die Prinzessin zu einer ersten Besprechung auf. Die drei waren sich darüber im klaren, daß das Königspaar in den vier harten Kriegsjahren seinen Untertanen ein Vorbild für die besten häuslichen und staatsbürgerlichen Tugenden geworden war und daß der Gedanke, dem Königspaar als Zeichen des Respekts, der Dankbarkeit und Ergebenheit der Nation ein Geschenk zu machen, bereits aufgekommen war. Das Vorhaben mit dem Puppenhaus kam da gerade recht.

Infolge des ersten Weltkrieges waren viele gute Handwerker in England arbeitslos. Ihre Welt befand sich in jeder Hinsicht im Umbruch. Die veränderten politischen Verhältnisse waren eine eindeutige Herausforderung an die selbstzufriedene gesellschaftliche Hackordnung der Vorkriegsjahre und ließen keinen Zweifel daran, daß der gewohnte Lebensstil unwiderruflich dahin war. Doch handwerkliche Kunstfertigkeit verkümmerte unter der Arbeitslosigkeit, und hohe Steuern erschwerten es der ehemaligen Oberschicht, Häuser oder andere Güter in Auftrag zu geben, die den hohen Qualitätsansprüchen Lutyens' und seiner Zeitgenossen genügt hätten.

Um Moral und Wirtschaft des Landes wiederzubeleben, kündigte die Regierung für das Frühjahr 1924 eine Ausstellung an, welche die Renaissance eines Landes, «das seiner Helden würdig ist», erweisen sollte. Bereits vor dem Krieg war die British Empire Exhibition in Wembley Park, Middlesex, von Lord Strathcona angeregt worden; nun sollte sie das Aushängeschild des Königreiches werden und in einem Lobpreis menschlichen Unternehmungsgeistes verborgene Reichtümer und unerschlossene Resourcen mit wissenschaftlicher Forschung vereinigen. Lutyens und seine Freunde, unter ihnen auch Sir Lawrence Weaver, der Direktor der Ausstellung, begriffen schnell, daß sich das Puppenhaus hervorragend in dieses Projekt einbringen ließ und obendrein als unschätzbarer Werbeträger für die Namen der besten englischen Designer, Handwerker und Künstler der Zeit dienen konnte.

Als nächstes galt es herauszufinden, ob Königin Mary ein solches Geschenk überhaupt annehmen würde. Prinzessin Marie Louise suchte die Königin auf und legte ihr den Plan dar. Ihre Majestät war «zunächst aufs höchste überrascht, doch dann erwachte ihr Sinn für Kunst und Geschichte, und sie erklärte sich einverstanden». Außerdem gab die Königin ihre Erlaubnis, das Haus auf der bevorstehenden British Empire Exhibition auszustellen. Es sollte in einer eigenen Galerie im Palast der Künste gezeigt werden, und die Einkünfte aus den bescheidenen Eintrittsgeldern sollten wohltätigen Zwekken zufließen. Die Königin bestand jedoch darauf, daß Prinzessin Marie Louise als Vermittlerin zwischen ihr, dem Architekten und allen anderen am Hausbau Beteiligten agieren sollte, damit sie an allen Ideen teilhaben könne.

Nach Ihrer Majestät Einverständnis gab Sir Herbert Morgan ein großes Essen im Savoy. Er, die Prinzessin und Lutyens luden viele gute Freunde, Autoren und Künstler ein, die sie für die Mitarbeit gewinnen wollten. Das

Gespräch wandte sich beim Dinner der Frage zu, wie interessant es wäre, wenn im England der Sachsenzeit oder des Mittelalters solche Modellhäuser gebaut worden wären. Es hätte düstere Hallen gegeben und unzureichende sanitäre Einrichtungen, schmutzstarrende Binsenböden und karg möblierte Räume; und wenn es Modelle aus der Renaissance oder dem Barock mit der schlechten Beleuchtung, Heizung und Installation des sechzehnten, siebzehnten und achtzehnten Jahrhunderts gäbe, wieviel einfacher wäre es heute, so die einhellige Meinung der Gäste, die modernen Errungenschaften, die man nur allzugern für selbstverständlich nimmt, gebührend zu würdigen.

Die Begeisterung wuchs; in ihren Memoiren zitiert Prinzessin Marie Louise Sir Edwin Lutyens: «Wir wollen für alle Zeiten etwas erdenken und gestalten, das künftigen Generationen Einblick gewährt in das Leben eines Königs und einer Königin von England im 20. Jahrhundert und was Autoren, Künstler und Handwerker von Ruf zur Zeit ihrer Regentschaft waren.» Derweil zeichnete Lutyens bereits auf jede verfügbare Speisekarte — nicht einmal Servietten und Tischtuch blieben verschont — voller Enthusiasmus die ersten Pläne und Entwürfe. Kein Detail wurde für zu gering oder unwichtig erachtet; das Haus sollte vom Dachboden bis zum Keller ein nationales Prunkstück werden, exaktes Zeugnis für Groß und Klein und für künftige Historiker, ein Denkmal in vollendeter Perfektion vom Besten an britischer Handwerkskunst.

Niemand sollte zu tief in die Tasche greifen müssen. Das Ganze sollte durch Geschenke und private Spenden finanziert werden. Sir Herbert Morgan übernahm den Vorsitz über ein inoffizielles Kommitee, mit dessen Hilfe man das Dreijahresprojekt verwirklichen wollte.

In den folgenden Wochen zeichnete Lutyens rasch, aber sorgfältig die Baupläne. Das Haus war ein Originalentwurf: Weder innen noch außen wurde irgendein Palast, Gebäude oder sonstiges Werk von Lutyens kopiert. Auch war nach der ersten begeisterten Zeichnungen auf den Tischtüchern des Savoy keineswegs ein königlicher Palast im eigentlichen Sinn geplant. Die Anforderungen an einen königlichen Haushalt ließen sich mit Lutyens endgültigen Plänen nicht in Einklang bringen. Er wollte ein für seine Zeit typisches Haus der Oberschicht. Eigentlich baute er im Grunde genau das Haus, das er selbst gern bewohnt hätte, wäre sein Leben etwas anders verlaufen.

Ungehindert von Kundenwünschen, stürzte er sich auf die Verwirklichung eines lang gehegten Traums: Das Puppenhaus wurde sein Heim. Es schien ihm jedoch recht und billig, daß sich auch die Beschenkte dort heimisch fühlen sollte, und so dauerte es gar nicht lange, da war das Puppenhaus auch das «Heim» der Königin. Ihrem Tagebuch kann man entnehmen, daß sie «das Puppenhaus besuchte, welches Sir Edwin Lutyens und Englands Künstler mir schenken und einrichten . . . Dort traf ich auch Mr. Philpot, er wird die Decke meines Schlafzimmers bemalen . . .»

Ein Hauptmerkmal des Puppenhauses ist die Tatsache, daß fast jedes Stück seiner Einrichtung eine Eigenfertigung und Bestandteil der Schenkung ist — nur ganz wenige Stücke stammen aus dem Antiquitätenhandel oder aus privaten Sammlungen. Lutyens leitete das Unternehmen und nannte es für sich eine «Vivreation» (Wortschöpfung, vermutlich aus vivacious = toll, herrlich, und recreation = Erholung; A. d. Ü.), seine Bezeichnung für Spaß. Die Kunstwerke stammen aus Englands besten Werkstätten und Fabriken der Zeit, die Twining Model Co. hatte die Aufgabe, den beteiligten Firmen, wo nötig, Hilfestellung zu leisten.

Man vergißt viel zu leicht, daß Lutyens und seinen Männern nur die damals üblichen Fertigungsweisen und Materialien zur Verfügung standen.

Lady Emily und ihre Tochter Mary Lutyens im Alter von 13 Jahren

Kunstharzlacke etwa oder Sekundenkleber gab es damals noch nicht. Mit heißem Knochenleim waren Klebearbeiten ein mühsames Geschäft, Spritzguß oder Plastik waren noch völlig unbekannt. Dagegen standen ihnen Unmengen von Edelhölzern, Metallen und Stoffen erster Wahl sowie makellose seltene Gesteine zur Verfügung, und das alles wurde von Handwerkern verarbeitet, die nach siebenjähriger Lehrzeit Meister ihres Fachs waren.

Die Presse erfuhr bald von dem Projekt und verärgerte Lutyens mit ungenauen und unrichtigen Beschreibungen: «Entsetzlich nervtötend», schrieb er an seine Frau. Im August 1921 wird er bereits «von der Presse überschwemmt und mit den unmöglichsten Angeboten für Geschenke überschüttet.» Offenbar wollte jedermann um jeden Preis beteiligt sein. «Unglaublich, was für Gerümpel für das Puppenhaus auftaucht.»

Nachdem Lutyens die Einfälle von fast 1500 Kaufleuten, Künstlern und Autoren gesichtet und mit den Geschenken und Spenden aus privater Quelle in Einklang gebracht hatte, konnte das Puppenhauskomitee unter dem Vorsitz von Sir Herbert Morgan mit der Beschaffung der Einrichtung beginnen. Auch Lutyens selbst bestellte einige Stücke. Am 17. August 1921 schreibt er an seine Frau: «Ich habe die Vorkalkulationenen für die Puppenhausmöbel gemacht: 13 Prunkrahmen — £ 50, und sie an Mrs. Marshall Field gesandt.» Dies war «der erste Versuch einen Fisch an Land zu ziehen». Er fährt fort, er erwarte die Antwort mit Interesse. Doch daß er Bürgschaften in Höhe von £ 11.000 übernahm, verschwieg er seiner Frau. Erst als das Haus im März 1924 in Wembley eintraf, erhielt er die £ 6.300 zurück, die er ausgelegt hatte. Zu guter Letzt gestand er Lady Emily aber doch, er habe «gehörige Angst ausgestanden, noch vor Rückzahlung des Geldes zu sterben, was dann doch ein schwerer Schlag gewesen wäre!»

Der Rohbau wurde in seinem Londoner Delhi-Büro errichtet, und oft überquerten Künstler der Royal Academy, die für die Bemalung der Wände und Decken herangezogen wurden, den Picadilly, um der Königin vorgestellt zu werden oder Meinungen und Ansichten auszutauschen. Lutyens Wort war Gesetz, und nichts entging seinem Lob oder seiner Kritik. Später brachte man das Puppenhaus in sein Wohnzimmer in der Mansfield Street. Für den Umzug mußte erst eine Tür und ein Teil der Büromauer eingerissen werden, und die Familie konnte beinahe zwei Jahre lang ihr Zimmer nicht mehr benutzen.

Mary mit den Zöpfen, seine jüngste Tochter, war der Meinung, ihr scharfes Auge und ihre flinken Finger, «alt genug, daß man sich auf sie verlassen konnte», seien beim Auspacken, Aufstellen und Beurteilen all der Winzigkeiten, die fast jede Stunde geliefert wurden, unentbehrlich. Mit dem Puppenhaus schufen sich das dreizehnjährige Schulmädchen und ihr Vater ihre eigene Welt, was die beiden ungewöhnlich tief miteinander verband.

Die Königin überwachte den Fortgang mit Argusaugen; ein Besuch des Puppenhauses wurde ihr zum liebsten Zeitvertreib an Regentagen. Einmal kam sie mit dem König in die Mansfield Street und verbrachte dort zum Leidwesen einer Hofdame, die nicht ins Zimmer gelassen wurde, über vier Stunden mit Spielen und Arrangieren. Im Januar 1924, als sich das Haus seiner Vollendung näherte, kam sie innerhalb von vier Tagen gleich zweimal, einmal mit ihrem Sohn «Georgie», dem Herzog von Kent — die beiden verbrachten eineinhalb Stunden damit, «die wundervollen Miniaturen noch einmal durchzusehen», wie es in ihrem Tagebuch heißt —, und danach mit einer Freundin, um «einige Räume zu arrangieren.»

Elf Wochen vor Eröffnung der British Empire Exhibition (wo zum ersten Mal die Rede des Königs über Radio in ganz England und in Teilen des Empire zu hören war), war alles an seinem Platz. Das Haus konnte der Königin und der Öffentlichkeit offiziell vorgestellt werden. Noch in der Mansfield Street wurde es der neugierigen Presse enthüllt. Am 8. Februar 1924 brachten regionale und überregionale Zeitungen die ersten Fotos und überschwenglichen Beschreibungen dieser «vollkommenen Miniatur eines heutigen Hauses.»

Anfang März fand dann der Umzug des Hauses aus der Mansfield Street in den von Lutyens entworfenen Pavillion im Palast der Künste in Wembley statt. Nach der Verpackung in numerierte Holzkisten mit der schlichten Aufschrift THE QUEEN'S DOLLS' HOUSE blieb nur Schmutz und Chaos zurück. «... was für ein Durcheinander ... entsetzlich, ich muß das aufräumen», schrieb der Urheber seiner Frau, als er die Trümmer seines Wohnzimmers besichtigte, «aber das wird eine Weile dauern!» Neun Tage später, am 25. März vermerkte die Königin in ihrem Tagebuch einen Rundgang von «etwa vier Meilen durch die Ausstellungsgebäude und so weiter. Am interessantesten ... besuchte den Palace of Arts und den kleinen Pavillion, wo mein Puppenhaus stehen wird ...»

Im April 1924 war an die Leiter jeder beteiligten Firma bereits ein von Königin Mary persönlich unterzeichnetes Schreiben aus dem Buckingham Palace ergangen, das das Puppenhaus «das vollkommenste Geschenk, das man je erhalten kann» nannte. Dem Brief war eine Einladung zum Besuch des Palace of Arts beigefügt. Am 24. Juni übermittelte sie dem Architekten ihren abschließenden Dank und bat ihn, ihre Fotografie mit Widmung «in Anerkennung all der Unannehmlichkeiten, die Sie meines schönen Puppenhauses wegen auf sich genommen haben» anzunehmen. Weiter schrieb sie: «Ich weiß, wieviel Sorgfalt und Liebe Sie diesem wunderbaren Kunstwerk zuteil werden ließen, dessen Anblick die reinste Freude ist, und ich als die stolze Besitzerin dieses Hauses, werde ihnen niemals genug dafür danken können, daß Sie, allein um mir eine Freude zu machen, so viel von Ihrer Zeit geopfert haben. Die Besucherscharen des Puppenhauses in Wembley beweisen, daß die Allgemeinheit Ihr Werk zu schätzen weiß. Mit vielem, vielem ehrlichen Dank bin ich ganz die Ihre, Mary R[egina]».

Von April bis November 1924 besuchten 1.617.556 Menschen das Puppenhaus in Wembley. Als die Ausstellung für dieses Jahr geschlossen wurde, verbrachte man das Haus nach Schloß Windsor. Im Dezember 1924 erging eine Presseverlautbarung, daß Ihre Majestät die Königin ihre gnädige Erlaubnis gegeben habe, das Haus im kommenden März auf der neunten Ideal Home Exhibition, einer Veranstaltung der *Daily Mail* im Olympia, auszustellen.

Im Februar 1925 kam es, in 45 Kisten mit einem Gesamtgewicht von 4½ Tonnen verpackt, im Olympia, West Kensington, an. Aufstellung und Einrichtung dauerten — unter Polizeibewachung rund um die Uhr — drei Tage. Die Besichtigung kostete einen Schilling (5 p) extra, und die Einnahmen in Höhe von £ 5.500 flossen der Wohltätigkeitsstiftung der Königin zu.

Danach ging das Haus nach Schloß Windsor zurück. Im Juli desselben Jahres beendete Lutyens den Umbau einer ungenutzten Geschirrkammer unterhalb des Thronsaals für die endgültige Aufstellung. Das Haus wurde erneut zur für Sixpence (2½ p) zur Besichtigung freigegeben. Auch dieses Geld kam wohltätigen Zwecken zugute. Die Glasvitrine, durch die man es auch heute noch bewundern kann, ist ein Geschenk der Direktion der *Daily Mail*. Entgegen anderslautenden Vermutungen ist das Haus seit 1925 auf keiner öffentlichen Ausstellung mehr zu sehen gewesen, sondern blieb bis heute an seinem vorbestimmten Platz und ist das einzige, völlig unberührte Lutyens-Haus, beständiges Zeugnis des Lebens zwischen den Weltkriegen.

Der Architekt bewundert am 2. Mai 1924 mit König Georg V., Königin Mary, dem Herzog und der Herzogin von York das Puppenhaus auf der Ausstellung in Wembley. Im Hintergrund Porzellansouvenirs des Puppenhauses.

Das Haus im Bau; die elektrischen Leitungen und die Wasserrohre liegen noch offen.

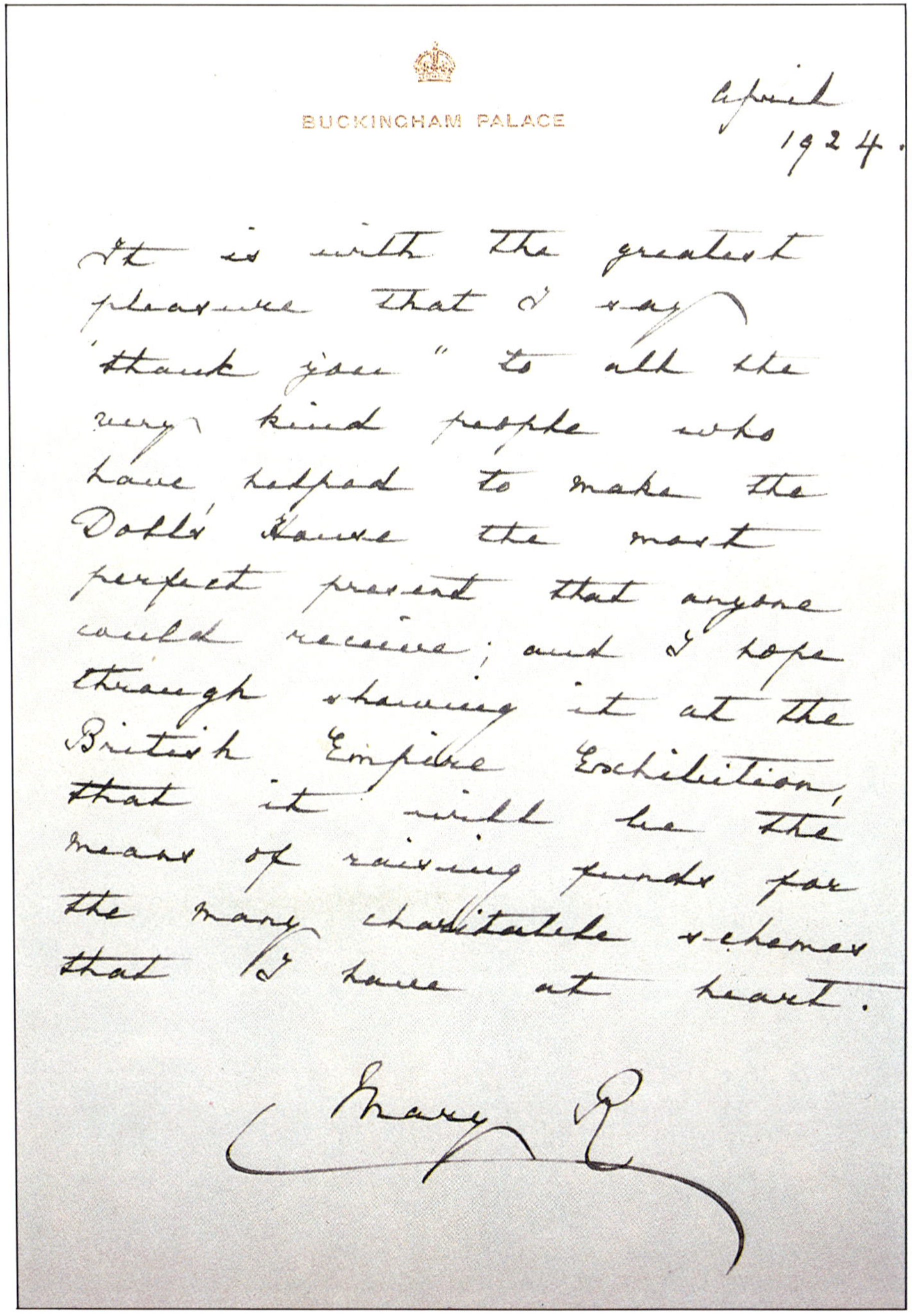

BUCKINGHAM PALACE

April 1924.

It is with the greatest pleasure that I say "thank you" to all the very kind people who have helped to make the Dolls' House the most perfect present that anyone could receive; and I hope through showing it at the British Empire Exhibition, that it will be the means of raising funds for the many charitable schemes that I have at heart.

Mary R.

Alle beteiligten Firmen und Handwerker erhielten diesen Brief der Königin. Viele dieser Briefe werden heute noch in privaten Archiven aufbewahrt.

Miniatur eines 4,90 m langen «Palakona» Lachsangel aus Bambus. Die drei Teile messen zusammengesteckt etwa 41 cm. Die Angel wurde von Hardy Bros Ltd. für das Puppenhaus gefertigt und von W. Hardy, dem Vater des derzeitigen Marketingleiters James Hardy, gestiftet. Beim Umzug der Fabrik im Jahre 1965 fand er im Altpapier diese Einladung der Königin.

Im Wohnzimmer in der Mansfield Street wird das Puppenhaus verpackt. Lady Emily zog es vor, die Existenz dieses Raumes für zwei Jahre einfach zu vergessen!

2 Die Fassade

Die Königin schreibt, sie sei schon sehr gespannt darauf,
wie sich das Puppenhaus wohl öffnen lasse,
und stellt Fragen über die Eingangstür.
Brief von Sir Edwin Lutyens an Lady Emily, 17. August 1921

Die Frage der Königin, wie sich das Puppenhaus wohl öffnen lasse, war durchaus berechtigt. Die Pläne zeigten mehr als vierzig Räume und Kammern auf vier Etagen, dazu zwei Treppenhäuser, zwei Aufzüge, die auf jeder Etage hielten, fließend Warm- und Kaltwasser in allen fünf Bädern, Toiletten mit Wasserspülung, elektrisches Licht sowie Keller, Garage und Garten.

Lutyens löste das Problem einfach mit einer absenkbaren Fassade. Mit Hilfe einer im Dach des Hauses installierten Anlage ließ sich die Fassade über die Innenräume stülpen.

Seit Beginn seiner Architektenkarriere arbeitete Lutyens mit klassizistischen Elementen. Er orientierte sich hauptsächlich an Christopher Wren, und bereits um 1900 überwog dessen Einfluß. Lutyens selbst nannte diese Periode seine «Wrenaissance».

Die Fassade des Puppenhauses ist typisch für die «Wrenaissance»; die Schaufassade befindet sich an der Nordseite. Eine Steinfassade wäre aber zu schwer zum Anheben geworden, weshalb geschnitzes, bemaltes Holz den Stein ersetzte, das Lutyens geliebtem, crèmeweißen Kalkstein sehr ähnlich sieht.

Das im Maßstab 1:12 gebaute Haus mißt an der Nord- und Südseite 2,59 m, an der Ost- und Westseite in Bodenhöhe 1,49 m und in der Höhe bis zur Oberkante der Balustrade 1,52 m. Es steht auf einem 99 cm hohen Sockel mit den Maßen 2,95×1,83 m. An der Nord- und Südseite ist dieser Sockel in 61 cm Höhe geteilt, diesen beiden Unterteile enthalten je 104 Schubladen aus Zedernholz mit dem Maßen 9×9×28 cm zur etwaigen Aufbewahrung der Einrichtung. In den oberen 38 Zentimentern des Sockels verbergen sich auf der Nordseite die Aufzugsmechanik, die Stromversorgung und ein Abwassertank, dessen Pumpen heute außer Funktion sind. Auf der gegenüberliegenden Seite verbirgt sich hinter einer Klappe das Kellergewölbe.

Auf der Westseite befindet sich in einer Schublade die Garage. Die Vorderwand der Schublade läßt sich herunterklappen, so daß die fünf Einstellplätze unter dem Haus bleiben.

Auf der Ostseite schließlich breitet sich Gertrude Jekylls Garten in einer Schublade aus, die sich noch weiter als die Garage ausziehen läßt.

Jeder Raum im Haus hat einen eigenen Kamin; der doppelzügige Schornstein ragt weit über das steile Dach hinaus. Das Dach ist mit echtem Schiefer gedeckt und läßt sich an der Nordseite aufklappen. Man blickt dann auf die oberen Teile der Aufzugskonstruktion von Otis und die außer Betrieb befindlichen Wasserversorgungs-Anlagen.

An den Ecken der Dachbalustrade stehen Bleifiguren der vier Schutzheiligen der Britischen Inseln. St. George und St. Andrew blicken nach Norden, St. David und St. Patrick, die letzte irische Schlange haltend, nach Süden.

Nord- und Südseite des Hauses sind im Erdgeschoß mit französischen Fenstern ausgestattet, ansonsten wurden doppelt aufgehängte Schiebefenster verwendet. Der Schiebemechanismus läuft über Seile mit Gewichten.

Die gesamte Fassade ist reichlich mit Stuck und klassizistischen Ornamenten verziert. Vor allem die Blumen und Musikinstrumente sind mit äußerster Sorgfalt geschnitzt, und alle Fabelwesen weisen einen unterschiedlichen Gesichtsausdruck auf.

Das Innere des Hauses ist in vier übereinanderliegenden Ebenen gebaut. Um die beinahe überhöhten Decken einiger Haupträume unterzubringen, bediente sich Lutyens einer traditionellen Architektenlösung: Er baute an allen vier Seiten Zwischengeschoße ein.

Unter anerkannten Architekten war es damals allgemein üblich, auch Entwürfe für Kaminaufsätze, Kamine und Gitter in die Pläne einzubeziehen.

Der klassizistische Nordgiebel trägt das Wappen des Königshauses.

Herausnehmbare Schubladen aus Zedernholz an der Nord- und Südseite des Sockels.

So finden sich überall im Haus Möbelstücke, die Lutyens für sich selbst oder andere Auftraggeber entworfen hatte.

Die indischen Regierung sandte als Geschenk zwölf verschiedene Stücke farbigen Marmors, die der Architekt im gesamten Haus verteilt einsetzte. Die verschiedenen Farben gaben dabei den Ton für die Inneneinrichtung an.

Lawrence Weaver, der mit seinen schriftstellerischen Arbeiten einiges für Lutyens Anerkennung als Architekt getan hat, schrieb 1924 über das Puppenhaus: «Die Planung eines streng symmetrischen Hauses wie dieses ist eine der verzwicktesten Aufgaben für einen Architekten überhaupt.» Er erklärte weiter, daß die Spielregeln ja leicht umgangen werden könnten, indem man einfach einige Räume ohne Fenster ließe und somit eine von der Anordnung der Innenräume abweichende Fassade schaffe. Abgesehen jedoch von einigen kleinen Zugeständnissen bei den Kellerräumen — kein Wunder, wenn im Untergeschoß Platz für die Schubladen mit Garten und Garage gebraucht wird —, habe Sir Edwin Lutyens, so Weaver, «dieses überaus schwierige Planspiel mit Bravour gemeistert.»

An der Südseite des Hauses findet sich über ihrem Schlafzimmerfenster das Wappen der Königin. Es wird begleitet rechts vom englischen Löwen und links dem württembergischen Hirsch als Hinweis auf ihre deutschen Vorfahren väterlicherseits.

J. Parnell & Son, Rugby, bauten die Fassade. Die Malerarbeiten außen und innen sind ein Geschenk der Firma Muntzer & Son, mit der Lutyens hauptsächlich zusammenarbeitete. Am eichenen Fahnenmast weht die Standarte der Königin. In einer der Schubladen wird auch eine Standarte des Königs aufbewahrt.

3 Die Eingangshalle und der Schrank für Sportgeräte

Der Haupteingang ist auf der Nordseite des Hauses; die verglasten Eingangstüren öffnen sich in die fast einen halben Meter breite Eingangshalle. Zu Lutyens besonderen Fähigkeiten gehörte der Umgang mit Raum; die drei Etagen hohe Eingangshalle des Puppenhauses mit ihren zu den Haupträumen führenden Fluren zu beiden Seiten ist in diesem Sinne besonders gelungen.

Die Treppenstufen und Wände sind mit weißem Marmor verkleidet, der Boden ist mit Lapislazuli in geometrischen Mustern ausgelegt.

Die Kassettendecke über der Eingangshalle trägt Tierkreismotive, und die beiden Laternen sind Entwürfe von Lutyens, der übrigens in vielen seiner Häuser die elektrischen Leitungen der Lampen mit Seidenkordeln und Quasten verkleiden ließ.

Die Standuhr in ihrem Eichenholzgehäuse ist nur eine der insgesamt sieben Uhren und zwei Barometer im ganzen Haus. Auch hier stammen die Entwürfe meist von Lutyens selbst. Die Uhren und Barometer, ein Gemeinschaftsgeschenk der Cartier-Werkstätten in London und Paris an die Königin, sind heute noch funktionsfähig.

Der Flur rechter Hand führt zu den Glastüren des Personenaufzugs, der drei Etagen bedient, und zu einem gut gefüllten Schrank für Sportgeräte.

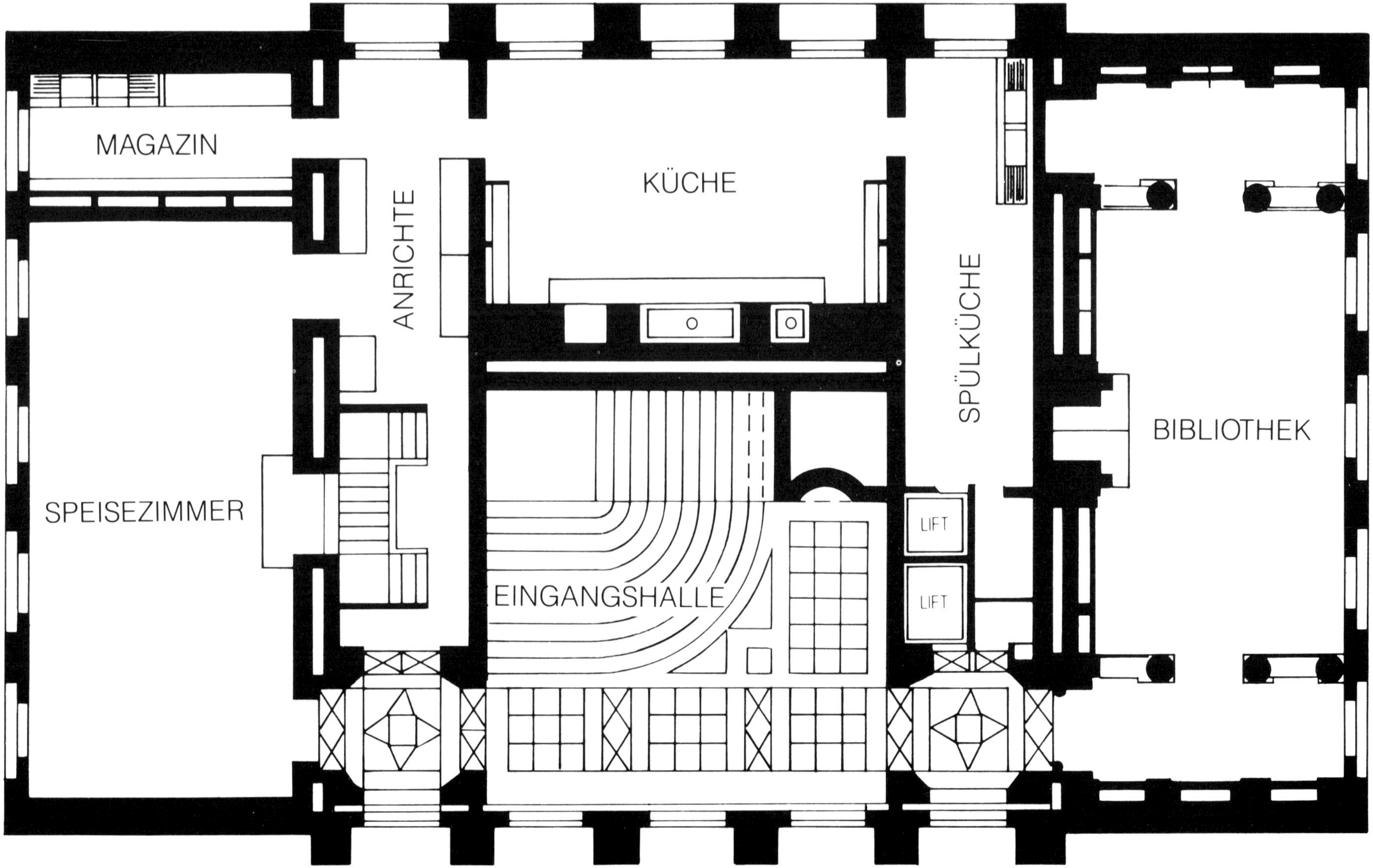

ERDGESCHOSS

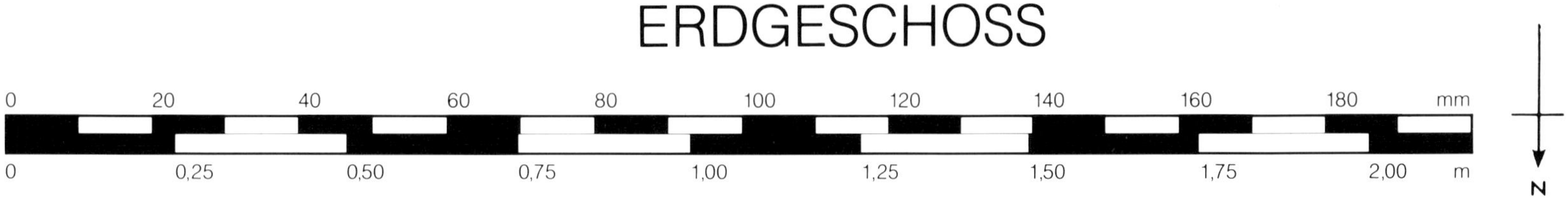

Der Sportschrank enthält komplette Ausrüstungen für Croquet, Cricket, Golf und Tennis.

Vorhergehende Seite:
Auf dem Tisch in der Eingangshalle liegt das Gästebuch. Das große Ölbild in vergoldetem Rahmen zeigt Schloß Windsor. Die Arbeit von D. Y. Cameron mißt 20×12,5 cm.

Nächste Seite:
Der Cricketschläger stammt von John Wisden & Co. Ltd.; er ist hier zum Vergleich mit einem heutigen Cricketball normaler Größe abgebildet.

SPECIAL
WISDEN
PENSHURST KENT
5½ OZ.
MADE IN ENGLA

Golftasche und Schläger sind ein Geschenk der Firma J. T. Gowdie & Co. Die Tasche ist 6,4 cm lang.

4 Die Bibliothek

Meine alte, teure und vertraute Freundin Prinzessin Marie Louise, die das Puppenhaus der Königin einrichtet, hat mich vor einigen Monaten gebeten, zwölf meiner Gedichte für eines der kleinen Büchlein in der Bibliothek kopieren zu lassen; so wählte ich die kürzesten und einfachsten, die Puppen oder das edle Geschlecht derer von Hanover am wenigstens langweilen dürften.
Aus *Collected Letters* von A. E. Housman.
An Grant Richards, 4. Mai 1923

Über den rechten Flur gelangt man zu der die ganze Länge der Westseite des Erdgeschosses einnehmenden Bibliothek. Zu Beginn des zwanzigsten Jahrhunderts waren Bibliotheken, die so maskuline Elemente wie Jagdzimmer, Arbeitszimmer und Rauchsalon miteinander verbanden, gang und gäbe. Die Bibliothek wirkt mit ihren überall im Raum verstreuten Zeitschriften, Tageszeitungen, Kartenspielen und Würfeln so richtig heimelig und wohnlich.

Der vom Boden bis zur Decke mit Walnußpaneelen verkleidete Raum ist der niedrigste Hauptraum. Die ausgebleichten römischen Szenen an der kannelierten Kassettendecke wurden von ihrem Maler, William Walcot, künstlich «gealtert». Die Möbel und die silbernen Kandelaber entstammen Entwürfen von Lutyens.

Über Jahrhunderte hinweg hatten Englands Herrscher Bibliotheken angelegt. Die Porträts der englischen Könige Heinrich VII. (1485—1509), Heinrich VIII. (1509—1547) und der Königin Elisbeth I. (1558—1603) sind als Würdigung der Verdienste dieser Monarchen um die im 16. Jahrhundert in England wiederauflebende Bildung zu verstehen. Die Sammlung König Georgs III. (1760—1820) bildet heute die King's Library der British Library. Königin Marys eigene Bibliothek zählte bei ihrem Tode fast 5000 Bände.

Die Bibliothek des Puppenhauses ist in zweifacher Hinsicht einzigartig. Der Großteil der Bücher nämlich stammt von zeitgenössischen Autoren, die für das Puppenhaus entweder völlig neue Werke schufen (in diesem Falle machten sie der Königin die Rechte an den Büchern zum Geschenk), oder eine Auswahl aus bereits veröffentlichten Arbeiten trafen. Alle Bücher sind handgeschrieben, zumeist von den Autoren selbst, und teilweise mit eigens angefertigten Zeichnungen illustriert. Es finden sich in der Bibliothek aber auch einige gedruckte Bücher, darunter eine Shakespeare-Gesamtausgabe, einige Bibeln, ein Koran, ein Band Charles Dickens und die üblichen Nachschlagewerke. Die Herstellung der Bücher auf den beweglichen Regalbrettern warf oft technische Probleme auf. Der Verleger John Hornby fand sein 30×32 mm großes Geschenk, Horaz' *Carmina Sapphica*, nach einer Nacht in einer normalgroßen Buchbinderpresse zu Brei zerquetscht.

Prinzessin Marie Louise fungierte als Bibliothekarin; sie ordnete und katalogisierte mit ihrem Freund, dem Schriftsteller E. V. Luccas, die Bibliothek. Ihr Ziel war weniger eine komplette als vielmehr eine repräsentative Bibliothek, also schrieb die Prinzessin, nachdem sie ihre Auswahl getroffen hatte, persönlich an 171 damals beliebte Autoren. Der einzige, der nicht bereitwilligst der Einladung zu einem Beitrag folgte, war George Bernard Shaw; seine Ablehnung erfolgte, so die Prinzessin, «in reichlich rüder Form».

Prinzessin Marie Louise verwandte ihren Charme und ihre Überredungskünste auf nicht weniger als 700 Künstler. Sie erbat Zeichnungen, Aquarelle und Skizzen sowie Radierungen, Linolschnitte und Gravierungen. Diese wurden flach aufeinandergelegt zusammen mit den maßstabsgetreuen Plänen des Hauses wie für solche Sammlungen üblich in den zwei großen Kommoden in der Bibliothek aufbewahrt. Leider hat die Prinzessin ihre Sorgfalt etwas übertrieben, denn um die Bilder nicht zu verknittern, klebten die Künstler ihre Werke auf steifen Karton, was in den Kommoden viel Platz wegnahm. Die überzähligen Zeichnungen wurden katalogisiert und an der Nordseite in den Schubladen des Sockels verstaut.

Marie Louise lieh sich die Briefschatullen des Königs und ließ sie kopieren. Indigniert fragte der König, als er sie im Puppenhaus vorfand, wer ihr wohl die Erlaubnis dazu gegeben habe. Die Prinzessin berichtet, der König sei etwas erstaunt gewesen, als sie erklärte, sie habe «einfach danach gefragt».

Über dem Chubb-Safe (rechts im Bild) befindet sich hinter dem Globus der auffallend leere Gewehrschrank. Der König, ein vorzüglicher Schütze, beschloß, die dafür vorgesehenen beiden Purdey-Flinten auf einen Kommode (links) zu plazieren, denn dort konnte man sie besser bewundern. Zum Schießen zu klein (sie sind nur gut 10 cm lang), sind die beiden doch typische Purdey-Flinten mit zum Laden abknickbaren Lauf, Doppelabzug und obenliegendem Hahn. Die Schäfte sind aus Holz mit Halbpistolengriff, ähnlich den eigenen Flinten des Königs. Die Purdeys waren schon seit Königin Viktorias Zeiten königliche Büchsenmacher. Das Miniaturpärchen wurde

von Athol Purdey, dem Enkel des Firmengründers, zusammen mit dem traditionellen Lederfutteral, Öl, Reinigungsstock und -schnur gestiftet. Zum Geschenk gehörte auch ein nach Angaben des Königs gefertigter Jagdstock, ein Magazin mit hundert Patronen und eine lederne Patronentasche.

Die Buchbindearbeiten für den Inhalt der Bibliothek wurden von sieben verschiedenen Firmen ausgeführt. Die bekannteste war wohl Sangorski & Sutcliff, eine Firma, die Lutyens auch für seinen persönlichen Bedarf häufig beauftragte. Sie fertigte auch die Monogrammprägung auf den Lederblenden der Bücherregale an.

William Nicholsons Porträt von Königin Elisabeth I., nach dem Armada-Porträt eines unbekannten Künstlers aus dem 16. Jahrhundert.

Die 1817 gebaute *Royal George* war die Yacht König Georgs III.

Bruyere-Pfeifen mit dem berühmten weißen Punkt von Dunhill. Zigarren, Zigaretten und Tabak waren ein Geschenk von Alfred Dunhill, dem Gründer der Firma und Großvater des heutigen Vorstandsvorsitzenden. Die Streichhölzer sind ein Geschenk der Bryant & May Ltd.

Füllfederhalter und Tintenglas von Swan werden mit blauer Tinte von Stephens aus einer großen Vorratsflasche nachgefüllt.

Dieses Buch, aufgenommen auf einem Band voller Größe, hat mit 25×22 mm das kleinste Format der Originalbeiträge. Während die meisten Bücher ein verkleinertes Folioformat aufweisen, ist dieses eher ein verkleinerter Oktavband.

Der Schreibtisch aus Walnußholz hat an der Vorderseite neun, an der Rückseite zwei Schubladen. Cartier fertigte die *Sans-mouvement*-Tischuhr. Sie ist nur 12,5 mm groß. Das Foto im Lackrahmen zeigt den König von Belgien.

THE
STUD BOO
1924
HOW WATSON
LEARNED
THE TRICK
CONAN
DOYLE
THE PRINCESS
AND THE
NIGHTINGALE
W. S.
MAUGHAM
IDEAS
IN THINGS
C. F. A.
VOYSEY

Das Exlibris das in jedes Buch eingeklebt ist, stammt von Ernest Shepard, dem Illustrator der Buchserie «Winnie der Bär».

Rudyard Kipling widmete sich seinem Buch für das Puppenhaus mit Hingabe und wählte etliche Gedichte aus, darunter «If» und «The Road through the Woods». Für jedes Gedicht fertigte er eine eigene Zeichnung an. Die abgebildete Illustration gehört zu «A Charm».

Sir Arthur Conan Doyles Beitrag zu den 200 Büchern in den Regalen, war eine 500 Worte lange Kurzgeschichte in seiner eigenen Handschrift.

König Georg V. war ein begeisterter Briefmarkensammler. Dieses Album ist ein Geschenk von Stanley Gibbons und enthält Faksimiles von Briefmarken aus England und den Kolonien.

Drei der 700 Zeichnungen aus der Sammlung im Puppenhaus.

Musik

Einige der Komponisten, deren Originalwerke in den Regalen der Bibliothek verwahrt werden:

BAX, Arnold
BLISS, Arthur
BRIDGE, Frank
DELIUS, Frederick
GOOSSENS, Eugene
HOLST, Gustav
IRELAND, John
SMYTH, Ethel

Zeichnungen und Gemälde

Einige der 700 Künstler, deren Werke sich in den Kommoden und den Sockelschubladen des Puppenhauses befinden:

BIRCH, Lamorna
BIRLEY, Oswald H.
BURNE-JONES, Philip
CLAUSEN, George
DETMOLD, Edward J.
FLINT, Russell
GERTLER, Mark
KNIGHT, Laura
KNOWLES, G. Sheridan
NASH, John
NASH, Paul
NEVINSON, C. R. W.
ORPEN, William
PARTRIDGE, Bernard
RACKHAM, Arthur
RAMSAY, The Lady Patricia
(I.K.H. Prinzessin Patricia von Connaught)
ROBINSON, Charles
ROTHENSTEIN, William
ROYLE, Stanley
SALISBURY, Frank O.
SCOTT, G. Gilbert
SPURRIER, Steven
TAYLOR, Fred
THESIGER, Ernest

Bücher

Eine Auswahl aus der Bibliothek:

BARRIE, J. M.	*Autobiographie*
BEERBOHM, Max	*Meditations of a Refugee*
BELLOC, Hilaire	*Peter and Paul: A Moral Tale*
BENNETT, Arnold	*Christmas Eve and New Year's Eve*
BLACKWOOD, Algernon	«The Vision of the Wind» aus *The Education of Uncle Paul*
BLUNDEN, Edmund	*Gedichte*
BRIDGES, Robert	*Gedichte*
BUCHAN, John	*The Battle of the Somme*
CHESTERTON, G. K.	*The Battle of Three Horns*
CONRAD, Joseph	«The Nursery of the Craft» aus *The Mirror of the Sea*
DE LA MARE, Walter	*Drei Gedichte* und *The Riddle*
DELL, Ethel M.	Aus *The Knave of Diamonds, Bars of Iron* und *The Hundreth Chance*
DOYLE, Arthur Conan	*How Watson Learned the Trick*
GALSWORTHY, John	*Memories*
GOSSE, Edmund	*A French Dolls' House*
GRAVES, Robert	*Poems abridged for Dolls and Princes*
HAGGARD, H. Rider	Aus *A Farmer's Year*
HARDY, Thomas	*Gedichte*
HOPE, Anthony	*A Tragedy in Outline*
HOUSMAN, A. E.	Aus *A Shropshire Lad* und *Last Poems*

Huxley, Aldous	*Gedichte*
Jacobs, W. W.	Aus *Salthaven*
James, M. R.	*The Haunted Dolls' House*
Jekyll, Gertrude	*The Garden*
Kipling, Rudyard	*Verses*
Lucas, E. V.	*The Whole Duty of Dolls*
Macaulay, Rose	«The Alien» und «The Thief»
Mackenzie, Compton	«Richard Gunstone» aus *Sinsiter Street*
Maugham, W. Somerset	*The Princess and the Nightingale*
Meynell, Alice	*Gedichte*
Milne, A. A.	*Vespers*
Newbolt, Sir Henry	*Gedichte*
Nicolson, Harold	*The Detail of Biography*
Noyes, Alfred	*Gedichte*
Pennell, Joseph	*Thoughts*
Quiller-Couch, Arthur	*Verses*
Ross, Martin (siehe Somerville)	
Sackville-West, V.	*A Note of Explanation*
Sassoon, Siegfried	«Everyone Sang»
Somerville, Edith O.E., und Ross, Martin	Auszüge aus Schriften
Squire, J. C.	*Acrostic*
Swinnerton, Frank	*The Boys*
Tynan, Katherine	*Gedichte*
Vachell, Horace A.	*Small Change*
Voysey, C. A. F.	*Ideas in Things*
Walpole, Hugh	*The House in the Lonely Wood*
Young, Francis Brett	Auszüge aus Werken in Vers und Prosa

Nachschlagewerke

Marine: Autographen verdienter Offiziere
Heer: Autographen verdienter Offiziere
Staatsmänner: Autographen verdienter Politiker
Theater: Autographen von Schauspielern und Schauspielerinnen
Briefmarken: Farbige Miniaturfaksimile von Briefmarken aus England und den Kolonien, in Lederschuber
Briefmarken: Leeres Sammelalbum, blaues Leder in Lederschuber
Album, 1922: Blauer Ledereinband; Inschrift auf der ersten Verso-Seite: erste Strophe von «God save the King» (mit Noten)
Who's who
Withaker's Almanack
The Post Office Directory
Kelly's Directory
ABC Railway Guide
Bradshaw's Guide
Atlas
Jagdkarten
Straßenkarten

Zeitungen und Magazine

The Times
Morning Post
Daily Mail
Punch
Country Life
Architectural Review
Truth
The Field
Saturday Review
Strand Magazine
Pearson's Magazine
The Times of India

Verschiedenes

Berry, F. L.	The Cellar Book
Fetherstonhaugh, Major F.	The Sandringham Stud Book
Hill, Oliver	*The Garden of Adonis* (mit Fotos)
Lloyd, Lady	*A Birthday Book*
Muller, Frederick	Aquarell-Katalog
Shilton, Dorothy O., und Holworthy, R.	*Ahnentafel*

5 Küche, Spülküche, Magazin und Anrichte

Kochen ist eine Kunst geworden, eine edle Wissenschaft.
Robert Barton, 1577—1640

Der wichtigste Raum auf der Südseite des Erdgeschosses ist die Küche. Rechts von ihr befindet sich die Spülküche, links die Anrichte mit Zugang zum Magazin an der Ostseite und zum Speisezimmer. Mit dieser erstklassig ausgestatteten Domaine erfüllte sich Lutyens seinen Traum von einem durch zuverlässiges, aber unsichtbares Personal geregelten Leben.

Die tiefen Schränke in der Spülküche und im Magazin bieten genug Platz für Gläser und Porzellan, und die großen, doppelten Spülbecken in beiden Räumen entschädigen für das Fehlen moderner Spülmaschinen. Zu den wenigen nicht maßstabsgetreuen Gegenständen im Puppenhaus gehören die Wasserhähne. Rohre und Hähne im Maßstab 1:12 wären zu dünn geworden, um Wasser durchfließen zu lassen.

Ein eigens entworfenes Abtropfregal in der Spülküche faßt alle neunzig unterschiedlich großen Teller, die während eines fünfgängigen Menüs für achtzehn Personen anfallen. Der Boden der Spülküche ist mit Schiefer ausgelegt und somit leicht sauberzuhalten.

Ein Großteil des Porzellans trägt das Firmenzeichen der Thomas Goode & Co. Ltd. Vor dem ersten Weltkrieg belieferten sie nicht weniger als neun Königshäuser mit Glas und Porzellan verschiedener Hersteller und galten seinerzeit als die bekanntesten Porzellanhändler der Welt. Auch Königin Mary gehörte zu den Kunden des Unternehmens, und Goode übernahm die Zusammenstellung und zum Teil auch die Stiftung von Glas und Porzellan für das Puppenhaus. Wie in vielen heutigen und früheren großen Haushalten ziehen sich die Namen Minton, Doulton und Wedgwood durch die Geschirrschränke. Das gilt für das Küchenporzellan, das zur Unterscheidung vom mit «N« [Nursery] gekennzeichneten Kinderzimmergeschirr den Buchstaben «K» trägt, wie für die die mit aufgedrucktem Namen versehenen Vorratsbehälter in den Küchenregalen. Doulton-Porzellan wurde verwendet, weil es als besonders dauerhaft galt.

Obwohl sich die Größe der Küche nur in Zentimetern und nicht in Metern bemißt, ist der Küchenboden mit einem Parkett aus 2500 Holzblöcken ausgelegt. Vor den mit Kohle beheizten Kochstellen liegt leicht zu reinigender Schieferboden. Die beiden Kocheinheiten zu beiden Seiten des Herdes mit zwei Feuerstellen enthalten einen Tellerwärmer und einen eigenen Backofen.

Bratpfannen, Schmortiegel und Kaserollen sind ausreichend vorhanden, dazu gibt es goldene Puddingförmchen und Kuchenformen sowie verzinnte Kupfertöpfe in fünf verschiedenen Größen.

Zu den schönsten Möbeln im ganzen Haus gehören die Windsor-Küchenstühle aus Buchsbaumholz mit Speichenlehnen. Der eichene Küchentisch mit zwei Schubladen ist eine Kopie des Tisches, den Lutyens für das erste Haus entworfen hatte, das er mit seiner Frau bewohnte.

Der chinesische Lavendelbehälter rechts außen im Bild geht auf Agnes Jekyll zurück. In ihrem Kochbuch für das Puppenhaus schlägt sie vor, «zur Verbesserung der Luft, vor Eintreffen der Gäste oder nach Zubereitung stark riechender Gerichte«, getrocknete Lavendelblätter auf eine erhitzte Schaufel zu geben und munter herumzuschwenken!

Die drei winzigen Elfenbeinmäuse in der Mausefalle, welche seinerzeit untrennbar zu jeder Küche gehörte, sind auf dem Foto wegen ihrer geringen Größe leider nicht zu sehen.

Im Küchenvorraum, auch Anrichte, von der aus Türen zum Magazin und zum Speisezimmer führen, stehen zwei Tische (aus Holz, damit die Tabletts nicht wegrutschen), und an der Wand hängt eine Warmhalteplatte und, ebenso wie in der Spülküche, ein Minimax-Feuerlöscher.

Kupferne Wasserkessel.

Mechaniker im Guy's Hospital, London, fertigten die Pastetenförmchen und ein paar andere Utensilien aus Gold, damit «man sich das Polieren spart».

Die Kupfertöpfe sind innen, wie es sich gehört, verzinnt.

Der Fleischwolf, die Küchenwaage und die Kaffeemühle auf dem Küchentisch kommen von der Twining Model Co.

Porzellan für Küche und Kinderzimmer von Doulton, jeweils mit den entsprechenden Buchstaben gekennzeichnet. Das Sechs-Personen-Service mit Monogramm und Mäandermuster wurde in der Porzellanmanufaktur Cauldon hergestellt.

Ewbanks Teppichkehrmaschine. Der Mechanismus ist heute noch derselbe wie damals.

LIFEBUOY
SOAP
LIFEBUOY

Die erstklassig ausgestattete Spülküche, mit bleigefaßten Spülbecken und fließendem Heiß- und Kaltwasser. Der Schieferboden läßt sich problemlos sauberhalten.

Der Butler hatte sich wegen Geschirr, Küchenhandtüchern und Tischwäsche an die Hausdame zu wenden. Die offene Tür führt in die Küche.

Colman's
Mustard

Im Auftrag von Thomas Goode & Co. Ltd. fertigte und stiftete Doulton das königliche Galaservice mit Goldrand für 18 Personen, zu dem 22 Servierplatten und Schüsseln mit Deckeln gehören.

Links: Im Magazin des Butlers ist genug Platz für die Unterbringung aller Gläser und fünf vollständiger Porzellan-Tafelservice. Das Silber wird im Tresorraum aufbewahrt.

Hier zwei Teller aus den Geschirrschränken, aufgenommen auf einem Teller von einem Service aus dem Privatbesitz von Königin Elisabeth II.

Ein Tablett für das Frühstück im Bett, gedeckt mit einem Frühstücksservice aus der Porzellanmanufaktur Cauldon.

6 Speisezimmer und Tresorraum

Sehr vergnüglich, und die besten Pasteten, die ich je im Leben aß.
Samuel Pepys, 1633—1703

Zwei Personaleingänge führen in das zum Garten hin nach Osten gelegene Speisezimmer, einer von der Anrichte, der andere von der Halle aus. Der Raum sollte als Ganzes gesehen werden. Der Teppich ahmt mit seiner Bemalung den Aubussonstil nach; sein Muster folgt in der Aufteilung den Feldern der frühklassizistischen Decke im Stil Palladios, auf der fröhliche Geister die Erde umschweben. Dieser Raum ist auch ein hervorragendes Beispiel für die in solchen Häusern übliche Mischung von Antikem und Modernem.

Die Kopie eines Nußbaumtisches aus dem 18. Jahrhundert mißt zusammengeschoben knapp 14 cm und läßt sich, Errungenschaft des 20. Jahrhunderts, auf 51 cm ausziehen. Die achtzehn «zeitgenössischen» Nußbaumsessel sind 76 mm hoch. Den Paravent, der den Eingang zur Anrichte verdeckt, fertigte die Cartier Ltd. nach einem Entwurf von Lutyens an.

Über den Türen finden sich Trompe-l'oeil-Malereien, an den Wänden Rankenschnitzwerk. Die Zusammenstellung der Bilder, darunter Porträts der Könige Edward III. und James V. von Schottland, ist typisch für solche Häuser. Unter McEvoys Gemälde der Königin Viktoria und ihrer Familie (nach einem Bild von Winterhalter; Original im Buckingham Palast) hängen zwei kleinere Bilder: Ausschnitte aus dem Audienzkabinett und dem Van-Dyck-Zimmer auf Schloß Windsor; beide Bilder wurden von Königin Mary und dem Maler W. Ranken als besonders passend ausgewählt. Alfred Munnings stiftete drei Kopien seiner Werke: «Delhi», das Paradepferd des Königs, ein Friesenbulle und ein Reiterporträt König Edwards VIII. als Prinz von Wales, dessen Original später in der Pariser Wohnung des Herzogs und der Herzogin von Windsor hing. Die Bildaufhängung ohne sichtbare Schnüre oder Ketten ist typisch für die Raumaustattung der zwanziger Jahre.

Die goldene Servierplatte und das Tafelsilber, beide zugleich Schau- und Gebrauchsstücke, hätte der Butler aus dem Tresorraum im unteren Zwischengeschoß holen müssen, zu dem man über die von der Anrichte aus erreichbare Hintertreppe gelangt. Dort ist trotz der nicht ganz ernstzunehmenden Kronjuwelen ausreichend Platz für die 2518 Teile des mit Kannelüren und Muscheln verzierten Tafelsilbers für achtzehn Personen. Es wurde im Auftrag von Lutyens einschließlich des achtteiligen Abercorn-Teeservices auf einem Silbertablett von Garrard & Co. Ltd., Hofjuweliere seit 1843, hergestellt und von Sir Herbert Morgan mit £ 280 bar bezahlt. Auf den Regalen befindet sich auch ein Paar Kerzenleuchter aus Altsilber, die zur Umrüstung auf elektrisches Licht aufgebohrt sind.

Das Stilleben ist ein Ölgemälde von W. B. E. Ranken.

Die Deckenfresken wurden von Professor Gerald Moira gemalt.

Webb's Crystal Glass Co. stellten im Auftrag von Thomas Goode & Co. Ltd. die Gläser her. Sie sind ein Geschenk von Minton Goode, dem Großvater des heutigen Vorstandsvorsitzenden. Der Tisch ist mit dem Tafelsilber von Garrard gedeckt.

Prinzessin Marie Louise lieh sich ein leinenes Tischtuch aus dem Buckingham Palast, versicherte es für £ 100, um es nach Belfast zu schicken und maßstabsgetreu kopieren zu lassen (56 cm). Es ist eines der acht Tafeltücher des Puppenhauses; jedes Tuch trägt das königliche Monogramm und Ordenssterne.

Kerzen von Price für den fünfarmigen Leuchter werden im Keller aufbewahrt.

Hinter Stahltüren und Stahlgittern werden die Kronjuwelen aufbewahrt, zu denen lupenreine Steine verarbeitet wurden. Der «Hermelinbesatz» ist farbiges Email.

7 Die obere Halle

Vom Erdgeschoß aus führt die marmorne Haupttreppe zu den beiden Suiten des Königs und der Königin sowie zum großen Salon auf der ersten Etage. Hinter dem von Lutyens im Louis-XIV-Stil gestalteten Schmiedeeisengeländer wiederholt sich auf dem Treppenabsatz in leicht abgeänderter Form das geometrische Muster des Marmorbodens der Eingangshalle.

Lutyens bat einen seiner besten Freunde, den Maler William Nicholson, um die Ausstattung der oberen Halle mit ihren klassischen Proportionen und der hochgewölbten Decke. Nicholsons Beitrag war ein umfangreiches Fresko, das die Vertreibung von Adam und Eva aus dem Paradies unter Blitz und Donner schildert, während, wie der Künstler es ausdrückte, «ihre Schoßtiere» zusehen! Die Fresken wurden direkt auf die Wände aufgetragen, doch kostete diese Arbeit den Künstler sehr viel mehr Zeit, als er sich vorgestellt hatte, und Lutyens hatte einige Mühe, den Freund bei der Stange zu halten.

In den halbrunden Nischen stehen Büsten von Earl Haig und Earl Beatty, Arbeiten des Bildhauers C. S. Jagger, und auf Marmorsockeln unter den Durchgangsbögen zu den Fluren Sir William Goscombe Johns Büsten von König Edward VII. und Königin Alexandra.

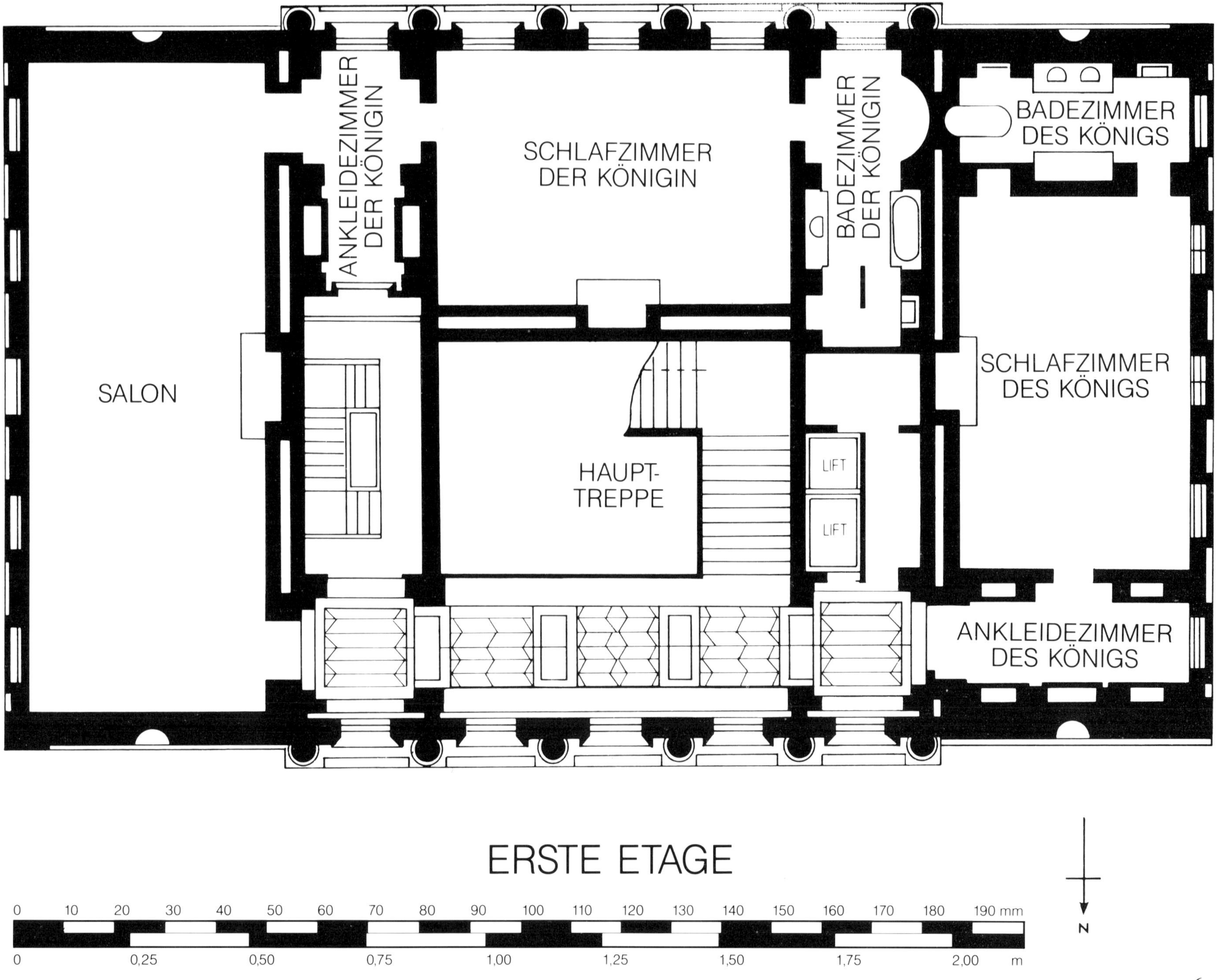
SALON
ANKLEIDEZIMMER DER KÖNIGIN
SCHLAFZIMMER DER KÖNIGIN
BADEZIMMER DER KÖNIGIN
BADEZIMMER DES KÖNIGS
SCHLAFZIMMER DES KÖNIGS
HAUPT-TREPPE
LIFT
LIFT
ANKLEIDEZIMMER DES KÖNIGS
0 10 20 30 40 50 60 70 80 90 100 110 120 130 140 150 160 170 180 190 mm
0 0,25 0,50 0,75 1,00 1,25 1,50 1,75 2,00 m
N

ERSTE ETAGE

Feldmarschall Lord Haig (1861—1928), während des ersten Weltkriegs britischer Oberkommandeur in Frankreich und Flandern. 1919 wurde er in den Grafenstand erhoben.

8 Die Suite des Königs

Wo in sanften Farben der Abend lächelnd endet.
Robert Browning, 1812—1889

Die Suite des Königs, bestehend aus Schlafzimmer, Ankleideraum und Badezimmer, erreicht man von der oberen Halle aus über den rechten Seitenflur. Die Suite liegt direkt über der Bibliothek an der Westseite des Hauses. Das Ankleidezimmer rechts ist an beiden Seiten mit Einbauschränken ausgestattet; auf dem Lacktischchen liegt der Degen eines Feldmarschalls, eine Arbeit der Wilkinson Sword Ltd. An der gewölbten Decke machen die spärlich bekleideten Jungfrauen des Malers W. G. de Glehn Toilette. Die Aufhängung der Lampe in der Mitte, ein Entwurf von Lutyens, besteht aus Perlmutt und Elfenbein und paßt zu der im Badezimmer des Königs.

Der geschnitzte frühklassizistische Türsturz im Schlafzimmer ist der schönste im ganzen Haus.

Dominierendes Möbelstück im Schlafzimmer des Königs ist das Prunkbett aus dem 18. Jahrhundert. Dieses kostspielige Stück trägt am Kopfteil auf weißem Damast die Seidenstickerei des königlichen Wappens und wurde von der Royal School of Needlework angefertigt und mit Vorhängen und Federbetten ausgestattet. Stifterin war Prinzessin Christiane, die Gründerin der Schule und Mutter von Prinzessin Marie Louise.

Über dem Marmorkamin hängt Ambrose McEvoys Porträt der Princess Royal, der Tochter König Georgs V. Der Silberkandelaber ist eine Kopie aus Knole, dem Sitz der Familie Sackville-West. Der Gobelin-Kaminschirm zeigt die traditionelle Blumenvase auf einem Marmorpodest, im 18. Jahrhundert das Abzeichen der königlichen Gewandweber.

Alle Möbel sind aus Nußbaum, die bequemen Sessel sind mit rotem Damast bezogen. Im Raum verstreut liegen Lieblingsbücher, Fotos und eine Dunhill-Pfeife.

Links grenzt das überwiegend in Marmor gehaltene Badezimmer des Königs an. Bis zur Sockelhöhe und für die Platten von Waschtisch und Frisierkommode wurde grüner Marmor verwendet. Auch die hübsche Badewanne mit sechs silbernen Hähnen ist aus grünem Marmor und steht auf einem ebenfalls marmornen Fußboden. Die Utensilien auf dem Frisiertisch sind aus Elfenbein; auch Haarwaschmittel und eine Flasche Rosenwasser sind vorhanden.

Die Decken bemalte Laurence Irving mit spielenden Satyrn und Tierkreiszeichen. Die Bilder in den vergoldeten roten Lackrahmen sind Karikaturen aus dem *Punch*.

Das königliche Wappen, in Seide auf weißen Damast eingestickt, befindet sich am Kopfteil des Bettes unter dem Dachhimmel. Das Wappen mißt 92×92 mm.

HONI SOIT QUI MAL Y PENSE
DIEU ET MON DROIT

George Plank bemalte die Schlafzimmerdecke mit den ersten Zeilen der Nationnalhymne.

Der Ankleidespiegel ist aus Walnußholz. Auch die Bemalung der Wandpaneele stammt von George Plank.

Die meisten Betten im Haus sind mit Kissen, Nackenrolle, Leintüchern und Decken hergerichtet.

Wie hier bei den Beschlägen der Kommode oder an den Gurten des Stuhls zu sehen ist, wurde auch auf die geringsten Details unendlich viel Sorgfalt verwendet, ein Zeugnis der handwerklichen Meisterleistungen im ganzen Haus.

Der geschnitzte Türsturz über der Türe vom Schlafzimmer zum Ankleidezimmer.

Das Ankleidezimmer des Königs.

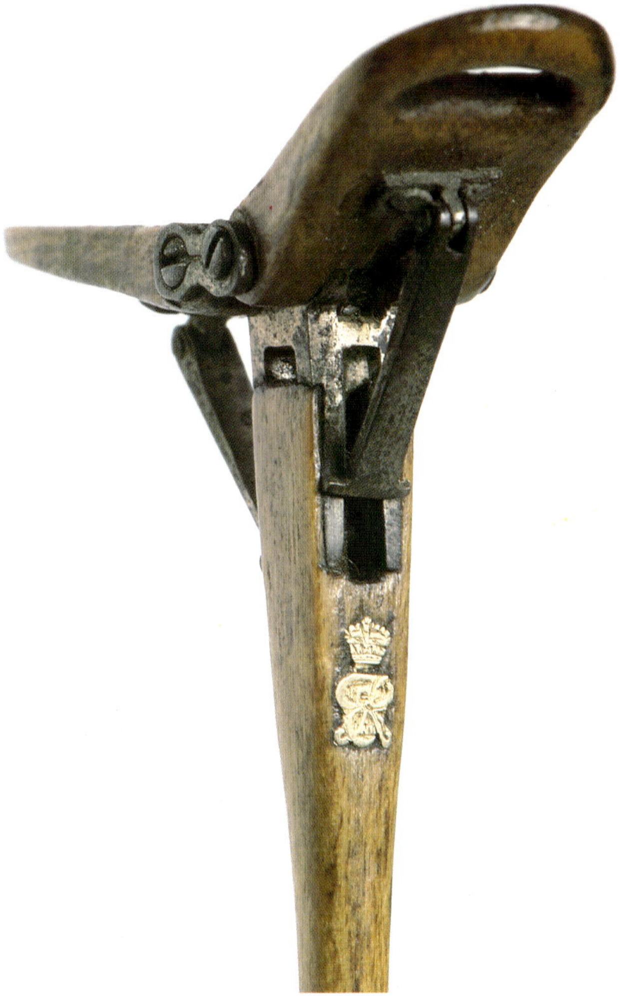

Der Jagdstock nach «des Königs Muster». Ein Teil des Geschenks von Athol Purdey.

Spazier- und Jagdstöcke an der Verbindungstür zum Schlafzimmer. Die 76 mm langen Spazierstöcke stammen von Brigg Umbrellas.

Das Badezimmer des Königs.

Alle Zahnbürsten und Nagelbürsten im Haus wurden von der Firma Addis gefertigt. Die Borsten sind aus dem feinstmöglichen Material, Haaren aus der Innenseite eines Ziegenohrs. Die Elfenbeinzahnbürste ist 19 mm lang.

Reichlich peinlich war es, als Königin Mary mit ihrem Ohrring im Bart des Klempners hängenblieb, der ihr gerade zeigen wollte, daß das Wasserklosett tatsächlich funktionierte.

9 Die Suite der Königin, der Gepäckraum und die Hintertreppe

Denn jede Ehe nur im besten Einvernehmen vor sich geht,
wenn des Weibes Stern im Mai und der des Ehemanns im Juni steht.
Rowland Watkyns, um 1662

Die Suite der Königin verläuft über die gesamte Südseite der ersten Etage. Ihr Schlafzimmer liegt direkt über der Küche, von hier aus führt je eine Tür zum Badezimmer rechts und zu ihrem Ankleidezimmer links. Wie beim Schlafzimmer des Königs bedingt die hohe Decke ein Zwischengeschoß, das jeweils über Badezimmern und Ankleidezimmern liegt.

Die beiden Suiten vereinigen Bequemlichkeit und Komfort in sich, was in den zwanziger Jahren für einen perfekten Haushalt nach und nach als unerläßlich galt. Das Schlafzimmer der Königin mit seinen Wandbespannungen und Bettvorhängen aus blaugrauem Damast ist ein Potpourri der zwanziger Jahre. Die Einrichtung reicht von Lutyens neubarockem Bett bis zu der im zeitgenössischen Stil bemalten Kommode mit Leselampe, die als Nachtkästchen dient. Da sich steife Stoffe wie Damast im Miniaturformat nur schwer zu Bettvorhängen drapieren lassen, schnitzte man den Faltenwurf aus Holz und bezog die geschnitzten Falten mit dem Stoff. Die Tagesdecke auf dem Bett der Königin ist aus taubenblauer Seide, und mit Zuchtperlen abgesteppt.

Das Porträt von F. O. Sailsburg über dem aus Jade und Marmor gearbeiteten Kamin stellt die Königinmutter, die Herzogin von Teck, dar, das andere Bild zeigt Maria, Königin von Schottland, und stammt von Gerald Kelly.

Zwei besonders erlesene Möbelstücke in diesem Raum sind die crèmefarbene, teilvergoldete Lackkommode im Barock-Stil, die im geöffneten Zustand fünf Schubladen, jede mit funktionstüchtigem Schloß, freigibt, sowie ein viktorianischer Kleiderschrank mit Amboina-Furnier und teilweise ausziehbaren Fachböden.

Korrespondenz und Tagebuchführung beanspruchten ein Gutteil der Zeit einer Dame; ein gut ausgestatteter Schreibtisch war also im Schlafzimmer keineswegs fehl am Platze.

Die Bemalung der Decke, deren Mittelfeld aus Halbspiegelglas besteht, stammt von Glyn Philpot.

Die Webereischule von Stratford on Avon fertigte den 35×42 cm großen Teppich an. Über den beiden Türen zum Ankleideraum und zum Badezimmer bilden eine Uhr und ein Barometer Pendants.

Das Badezimmer auf der rechten Seite (ca. 20 cm breit) ist ein Reich der Fantasie, die Wände mit Fischhaut verkleidet, mit Säulen und -bögen aus Elfenbein. Der Boden ist mit Perlmuttfließen ausgelegt. Lutyens selbst entwarf die Badewanne und das Waschbecken, beides aus Alabaster mit silbernen Wasserhähnen, das Wasserklosett in einem eigenen Kämmerchen hinter dem Badezimmer ist in einen geschnitzten Stuhl eingebaut.

Die Decke im Ankleidezimmer bemalte Professor R. Anning Bell in Öl auf Holz mit den fünf Sinnen, den vier Jahreszeiten und den vier Winden.

Im oberen Zwischengeschoß neben dem Dienstbotenaufzug, der zum Badezimmer der Königin und zum Ankleidezimmer des Königs führt, verblieb noch etwas Platz, der als Gepäckraum genutzt wird. Qualität ist bei Reisegepäck wichtig, weswegen es für gewöhnlich aus gutem Leder hergestellt wird. Da stets genug Personal und Träger zur Verfügung standen, war es egal, wenn das Gepäck, auch im leeren Zustand, enorm schwer zu tragen war.

Reisen brauchte damals noch seine Zeit, die Kleider mußten deshalb lange eingepackt bleiben. Mehrmaliger Garderobenwechsel im Lauf eines Tages und für den Abend erforderte zahlreiche Kleidungsstücke, die in Kleiderkoffer unterschiedlicher Form, Schuhkoffer, Hutschachteln, Schirmköcher, Schrankkoffer und Reisetaschen verpackt wurden.

Das eingestickte Seidenmonogramm am Kopfteil von Königin Marys Bett.

Königin Marys Frisiergarnitur aus blauem Email, darunter auch ein Töpfchen für Nährcreme, der einzigen Kosmetik, die sich viele Damen im Alter der Königin gestatteten. Der Spiegelrahmen ist mit echten Diamanten besetzt. Die «Seidenvorhänge» des Frisiertischchens sind auf geschnitztes Holz aufgemalt.

Nach einem Entwurf von Lutyens fertigte Cartier die Uhr aus Gold und blauem Email, die auf dem Kaminsims steht.

Die Roßhaarmatratzen lagen auf einer Sprungfedermatratze, was damals die heutigen Federkernmatratzen ersetzte. Die Gummiwärmflasche war zur Zeit des Hausbaus eine sehr fortschrittliche Sache.

Die Decke im Badezimmer der Königin, in Elfenbein gefaßt und von Maurice Greiffenhagen bemalt.

Das Badezimmer der Königin. Der Perlmuttfußboden ist nur 20 cm breit.

Toilettenartikel von J. & E. Atkinson Ltd.

Das Ankleidezimmer der Königin mit Blick auf die Hintertreppe.

Die vier Jahreszeiten und die vier Winde, Deckengemälde im Ankleidezimmer der Königin, ausgeführt von Professor R. Anning Bell.

Der Schmucktresor, hergestellt von der Chubb & Sons Lock & Safe Co. Ltd. Mit Genehmigung der Königin und nach Absprache mit der Cauldon-Porzellanmanufaktur ließ Sir George Hayter Chubb kleine, bemalte Blechnachbildungen des Hauses mit Schloß, Schlüssel und einem Schlitz im Dach herstellen, die als Sparbüchsen für Kinder dienten. Der Königin selbst gefielen die Häuschen so gut, daß sie zwölf Stück für den Buckingham Palast bestellte.

Ein Regenschirm von Brigg Umbrellas; der Griff paßt genau zu einem der Spazierstöcke im Ankleidezimmer des Königs.

Das Muster für das Geländer der Hintertreppe übernahm Lutyens von den Sprossen der Verglasung, die er für eine Vitrine in seinem eigenen Haus entworfen hatte.

Der Gepäckraum. Ein unbedeutender Raum, wie man an dem schlichten Kamin erkennen kann. Die Tür zur Linken führt zu einem Dienstbotenschlafzimmer, die Glastüren auf den Korridor vor dem Aufzug.

10 Der Salon

Verbeuge dich, während du nachdenkst, was du sagen sollst.
Das spart Zeit.
Lewis Carroll, 1832—1898

Der Salon liegt direkt über dem Speisezimmer und erstreckt sich über die gesamte Ostseite der ersten Etage. Der Raum wurde für offizielle Anlässe benutzt und ist von allen im Haus der größte. Ohne Zugeständnisse an Bequemlichkeit und mit zwei Thronsesseln unter einem Seidenbaldachin läßt dieser Raum ahnen, daß Lutyens wenigstens diesen Teil des Hauses als Königsschloß en miniature plante. Zu dieser Zeit war Lutyens vom Puppenhaus bereits so gefesselt, daß er, wie seine enge Freundin Lady Sackville bemerkte, weder ihr selbst noch seiner Arbeit am Britannic House der Anglo Iranian Oil C. Ltd. kaum noch die angemessene Aufmerksamkeit schenkte!

Sechs bezaubernde Porträts finden sich im Salon. Zu beiden Seiten des Thrones hängen Harrington Manns Bilder von König Georg III. (1760—1820) und Königin Charlotte nach Originalen von Reynolds, die sich heute in der Royal Academy befinden. Sir John Laverys Porträts Edwards VII. (1901—1910) und Königin Alexandras an der gegenüberliegenden Wand gehen auf zwei Porträts von Fildes aus dem Buckingham Palast zurück. Sir William Orpen, späterer Präsident der Royal Society of Portrait Painters, erklärte sich trotz anfänglicher Zweifel bereit, seine ersten Hofporträts, die des Königs und der Königin, in seinem persönlichen freien Stil zu malen. Eine Cousine des Königs, Lady Patricia Ramsay, malte die Tafeln über den Türen. Die eigens für das Puppenhaus gewebte Damastbespannung vom Marmorsockel bis zur Deckenkehlung wiederholt den Rokoko-Stil aus dem Schlafzimmer der Königin.

Die Glasvitrinen sind mit kleinem Zierrat gefüllt, die Platten der beiden Konsoltische sind aus elfenbeinfarbenem, geädertem Marmor.

Die Klaviernoten präsentieren eine Auswahl aus den über fünfzig Notenheften in der Bibliothek, Werken zeitgenössischer Komponisten, die fotografisch verkleinert wurden.

Die Türe hinter dem Flügel führt auf den Treppenabsatz der oberen Halle und damit zurück zum Ausgangspunkt des Rundgangs durch die erste Etage.

Alle Kamine in den Hauptträumen sind mit Kohlenschaufel, Kohlenzange und Feuerböcken ausgestattet. Die Geräte sind aus Silber und tragen das gekrönte Monogramm der Königin.

Der Marmorkamin im Salon. Über dem Kaminsims hängt ein Porträt der Kurfürstin Sophia von Hannover, Mutter König Georgs I. und Ahnherrin des Hauses von Windsor, gemalt von A. S. Cope.

«Die Kinder des Gerüchts mit ihren hundert Zungen», Deckengemälde von Charles Sims. Im Paneel links unten lauert ein Drache, der allzu flinke Zungen vor unbedachtem Klatsch warnt.

Marmorintarsien auf der Platte des vergoldeten Tisches in der Mitte des Salons. Dieser Tisch gehört zu den wenigen echten Antiquitäten im Puppenhaus, möglicherweise eine Miniatur eines fahrenden Handwerkers aus dem 18. Jahrhundert.

Das außen schwarz-goldene Lackschränkchen ist eine Kopie eines Schränkchens aus Londonderry House. Es mißt in Breite und Höhe 11,4 cm. Das vergoldete Untergestell ist 6,4 cm hoch. Das Schränkchen ist ein Geschenk der Marquise von Londonderry.

Die Nachbildungen der Sessel und Sofas aus dem 18. Jahrhundert sind nicht einmal 7,5 cm hoch. Die handgearbeitete Polsterung imitiert den Stil der Aubusson-Teppiche. Die Landschaftsbilder im Hintergrund sind Werke von Adrian Stokes.

Der Flügel wurde nach einem Entwurf von Lutyens von John Broadwood & Sons Ltd. angefertigt. Diese Firma gehört zu den ältesten Hoflieferanten überhaupt, ihre Ernennung erfolgte unter König Georg II. William Orpens Porträt der Königin Mary im Ornat ist ohne Rahmen 25 cm hoch.

11 Zwischengeschoße und Dienstbotenzimmer

Die Dienstbotenzimmer in den beiden Zwischengeschoßen erreicht man nur über die Hintertreppe oder den Dienstbotenaufzug.

Nach dem ersten Weltkrieg wurde Hauspersonal Mangelware, denn ehemalige Dienstboten konnten nun in Büros und Fabriken mehr Geld mit weniger Arbeit verdienen. Der technische Fortschritt hatte den Personalbedarf zwar reduziert, dennoch war man sich darüber im klaren, daß den verbliebenen Dienstboten ordentlich eingerichtete Zimmer, bessere Umstände und arbeitssparende Geräte zugestanden werden mußten.

Auf zwei Zwischengeschoßen verteilt finden sich sechs Dienstbotenräume, darunter auch das Badezimmer und das Herren-WC sowie das Zimmer des Butlers. Badezimmer und WC für die Dienstmädchen sind in der obersten Etage neben der Wäschekammer untergebracht.

Die Firma Waring & Gillow belieferte zu dieser Zeit viele große Häuser mit zeitgemäßen Möbeln und stattete auch die Dienstbotenzimmer im Puppenhaus mit den typischen, zweckmäßigen Stücken aus.

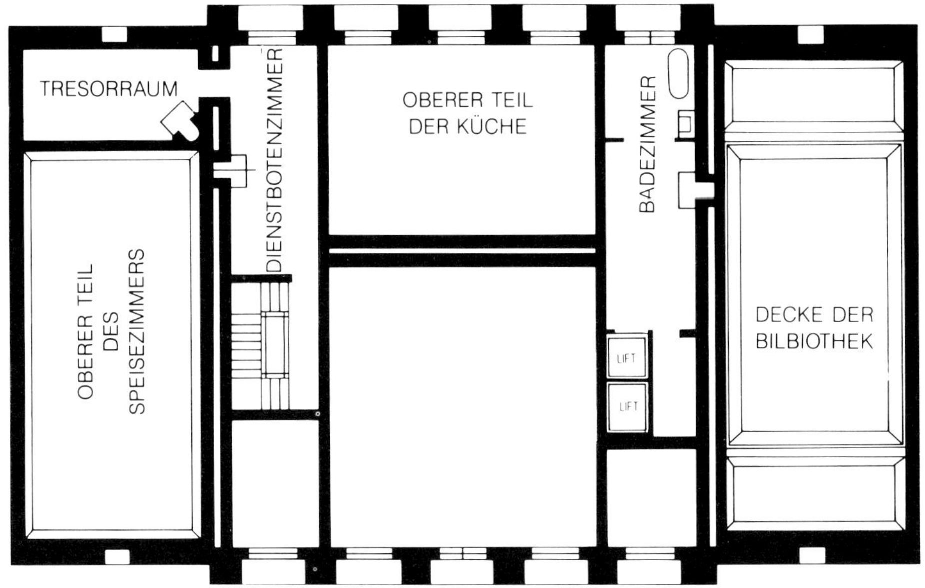

UNTERES ZWISCHENGESCHOSS

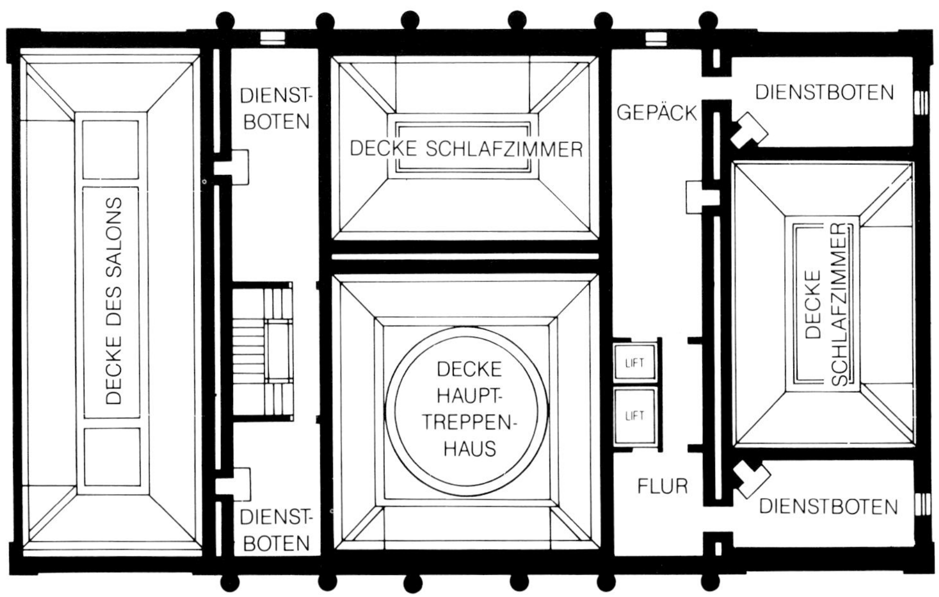

OBERES ZWISCHENGESCHOSS
(Im Maßstab ca. 50% verringert)

N

Das Bett des Butlers aus ungefärbtem Hartholz. Höherstehende Dienstboten hatten hölzerne Bettgestelle und Roßhaarmatratzen.

Jüngere Mitglieder des Personals schliefen in einfachen Eisenbettgestellen mit Kapokmatratzen auf Drahtfederrahmen.

Dienstmädchenzimmer im nördlichen oberen Zwischengeschoß.

Frisierkommode eines Dienstmädchens mit ihrem Nähkörbchen.

Im Zimmer aller männlichen Dienstboten steht eine solche Hosenpresse.

Waschtisch in einem Dienerzimmer. Das Bild von Lucy Kemp-Welch hat den Titel «Bringing up the Guns». Die Wäschekörbe in den Dienstbotenzimmern haben abnehmbare Deckel.

Das unvermeidliche Porzellanwaschgeschirr findet sich in jedem Dienstbotenzimmer. Dieses hier steht im Zimmer des Butlers im unteren Zwischengeschoß; es stammt aus der 1774 gegründeten Porzellanmanufaktur Cauldon.

12 Das Zimmer der Princess Royal

Und die azurnen Lider noch im Schlaf geschlossen,
lag sie auf weißem Linnen, sanft und voll Lavendelduft.
John Keats, 1795–1821

Die oberste Etage des Hauses mit ihren zwei Badezimmern, vier Korridoren und sechs Zimmern läßt sich heute am schwersten überblicken. Die vielen Räume, allesamt 25 cm hoch, stecken voller Andenken an die Kindheit und die Familie; auch das Zimmer der Haushälterin und die Wäschekammer sind in dieser Etage untergebracht.

Der Personenaufzug hält vor dem nach Norden liegenden Flur, der zum Zimmer der Princess Royal (der ältesten Tochter) führt. Dieses Zimmer liegt nach Westen hin zur Garage, seine elfenbeinfarbenen, verzierten Möbel passen zu dem Hängeschrank im Flur.

Das Bett ist eine Kopie der Betten, die Lutyens für seine beiden ältesten Töchter entworfen hatte. Wie in dem wohlbekannten Märchen hatte Lutyens eine Erbse unter die Matratze gelegt, die er eigens als Minierbse im richtigen Größenverhältnis hatte züchten lassen, doch die Erbse hat all die Jahre nicht unbeschadet überstanden.

Spiegel und Kerzenleuchter sind aus Elfenbein. Die Wände des Zimmers sind mit zwölf Bildern aus dem Zyklus «Cries of London» [Londoner Straßenrufe] geschmückt.

Das Bett der Princess Royal wird St.-Ursula-Bett genannt. Es ist dem Bild Carpaccios «Der Traum der heiligen Ursula» in der Accademia von Venedig nachempfunden. Die Höhe beträgt bis zum höchsten Punkt des Rahmens 18 cm.

13 Das Wohnzimmer der Königin

Mitten in dem riesigen Abbbild eines Reiches,
in dem die Sonne niemals untergeht,
konzentriert sich das allgemeine Interesse auf dieses kleine Haus,
das die Flamme einer einzigen Kerze in fünf Minuten vernichten könnte.
Aus dem Vorwort des illustrierten Katalogs
zum Puppenhaus für die Empire Exhibition.

In diesem ganz privaten Raum zwischen dem Zimmer der Princess Royal und dem Kinderschlafzimmer, spiegelt jedes Stück den Geist seiner Bewohnerin wieder. Eine angefangene Stickerei der Königin liegt auf einem Stuhl. Die Vitrinen sind mit winzigen Figürchen aus Jade und Bernstein gefüllt, darunter auch ein Wasserbüffel, eine Ziege und ein Löwe.

Königin Mary fand großen Gefallen an orientalischer Dekoration und an den elfenbeinfarbenen Möbeln, die in den zwanziger Jahren gerade Mode waren. Edmund Dulac bemalte die ockerfarbenen Seidetapeten mit goldenen Wolken und Wasserlilien. Der handgeknüpfte Seidenteppich mit ca. 13 Knoten/cm imitiert einen chinesischen Teppich aus der Chien-Lung-Periode.

Der silberne Aquarellfarbkasten von Windsor & Newton liegt auf dem Schreibtisch der Königin, hier im Größenvergleich mit einem normalen Pinsel.

Die Glasvitrinen sind Nachbildungen von Königin Marys eigenen Vitrinen.

14 Kinderschlafzimmer, Kinderbadezimmer und Arzneischränkchen

Nanny war der Boß — sie war großartig.
Mary Lutyens zur Autorin

In allen Hauswesen mit Kindern war «Nanny», das Kindermädchen, eine sehr wichtige Person. Kein Dienstbote, aber auch nicht Herrin, war ihr Wort dennoch Gesetz und ihre Verantwortung in den meisten Fällen allumfassend. Die Nanny beispielsweise, die 1898 in das Leben der Lutyens trat, lebte dort bis zu ihrem Tode, 38 Jahre später; das reichlich groß geratene Bett der Nanny im Kinderschlafzimmer des Puppenhauses ist eindeutig als Zeichen größten Respekts zu werten. Für gewöhnlich schlief das jeweils jüngste Kind der Familie bei der Nanny, weswegen auch das Kinderschlafzimmer im Puppenhaus mit allem Nötigen für beide ausgestattet ist.

Das Badezimmer hat einen direkten Durchgang zum Kinderschlafzimmer und war nur für die Kinder gedacht. Vom Badezimmer aus gelangt man auf den Südflur, wo zwei Nußbaum-Eckschränkchen hängen. Ohne Glastüren und fest verschlossen vor dem Zugriff von Kinderhänden dienen sie als Arzneischränkchen. Sie enthalten Krankenkost, «Torch»-Brandsalbe, Allenbury's Vaseline, Tupfer, Binden und Schienen. Die drei gepolsterten Leibchen, die zur Überwindung des Krisenstadiums der gefürchteten Lungenentzündung getragen wurden, zeigen, wie gründlich sich die Behandlung solcher Krankheiten seither mit der Entdeckung des Penicillins und der Antibiotika geändert hat.

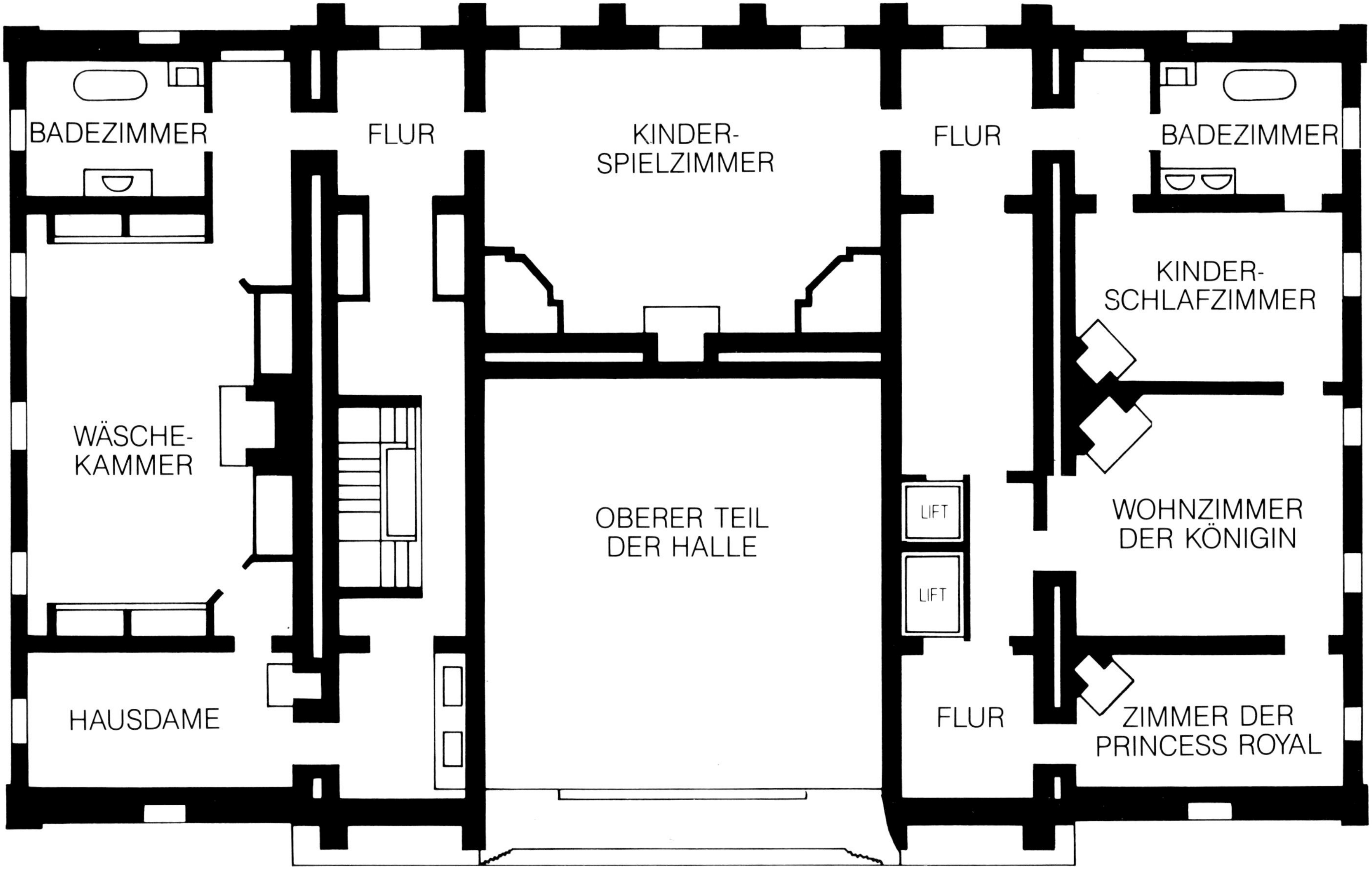

KINDERZIMMER–ETAGE

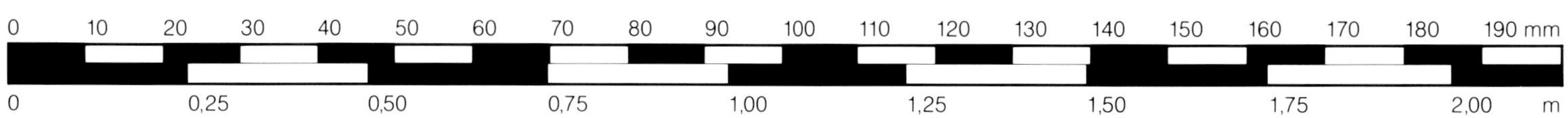

Allenburys
RUSKS

In den Kinderzimmern findet man alles, was man zur Babypflege braucht. Das Fläschchen ist 2,5 cm lang.

Die Wiege wurde eigens für das Puppenhaus entworfen. Sie besteht aus Elfenbein und Apfelbaumholz, trägt obenauf die Federkrone der Prinzen von Wales und kostete £ 30. Sie wurde von F. A. Koenig gestiftet, einem schlesischen Bankier, für den Lutyens einmal arbeitete. Die Badewanne ist aus Silber.

Das mit Perlen bestickte Taufkleidchen aus Spitze wird normalerweise in der Kommode hinter dem Bett aufbewahrt. Hier liegt es auf der Tagesdecke von Nannys Bett. Zur Babyausstattung gehören außerdem drei Schlafanzüge, drei Leibchen, drei Unterkleidchen und zwei Tageskleidchen.

Ein silberner Schutzengel kniet am Fußende der Wiege.

«Bubbles» [«Seifenblasen»] von Alfred Hemming, nach Millais.

Das Kinderbadezimmer.

Eines der beiden Arzneischränkchen aus Nußbaumholz, die im Flur zwischen Badezimmer und Spielzimmer hängen.

Eines der drei Leibchen, die bei Lungenentzündung angelegt wurden.

15 Kinderzimmer und Flur

«Wo einst wir lebten, kennt man unsren Namen nimmer,
und nicht mehr deine Kinder tappen durch mein Kinderzimmer.
William Cowper, 1731—1800

Links und rechts des Spielzimmers, des größten Raums an der Südseite, verlaufen zwei Flure, über die man zu den beiden Aufzügen und zur Hintertreppe gelangt. Für die Kinder spielte sich hier alles Interessante ab. Unter der Aufsicht der Nanny nahmen sie ihre Mahlzeiten ein (die auf ihrem eigenen Geschirr aus der Küche heraufkamen), hier spielten sie, stritten sie, hier erhielten sie ihre ersten Unterweisungen in Rechnen, Musik und dem Alphabet. Kleine Kinder wollte man damals noch hauptsächlich «sehen, aber nicht hören», und so wurden sie für gewöhnlich erst nach der Kinder-Teestunde eine Etage tiefer vorgeführt; dann besuchten sie frisch gewaschen und voll Unbehagen die Erwachsenen in Räumen, die keinerlei Ähnlichkeit hatten mit ihrer heimeligen alltäglichen Kinderzimmerwelt. Gefüllt mit allem, was man für Kinder als nötig erachtete, sind die Kinderzimmer des Puppenhauses Zeugnis der Lebensweise privilegierter Kinder zwischen den beiden Weltkriegen.

Edmund Dulac bemalte die tapezierten Wände mit Märchenbildern, und heute noch streiten sich die Erwachsenen darüber, ob es nun elf oder dreizehn Geschichten sind, die er illustrierte.

Eines der bezauberndsten und faszinierendsten Spielzeuge ist das Theater. Zwei Bühnenbilder aus *Peter Pan* verbergen sich hinter dem Vorhang: das Kinderzimmer mit Nannas Hundekorb und weit geöffnetem Fenster und das unterirdische Baumhaus. Daß gerade Szenen aus *Peter Pan* gewählt wurden, war kein Zufall. James Barry nämlich war Zeit seines Lebens mit Lutyens befreundet, der wiederum 1904 das Bühnenbild mit dem Kinderzimmer zur Uraufführung von *Peter Pan* entwarf. Lutyens Kinder wuchsen in dem Glauben auf, daß ihr eigener Vater Nanna erfunden hatte und daß es ihr Schlafzimmerfenster war, von dem aus Wendy und die Jungen zusammen mit Peter Pan zum Nimmerland geflogen waren.

Ein bequemer Stuhl für Nanny steht beim Messinggitter des Kamins, das eine Kochplatte mit einem Wasserkessel für die Babynahrung trägt. Man sieht Gläser mit eingemachten Früchten, Keksdosen, Bisquitdosen und Schokoladenpackungen. Deren Inhalt durfte aber nur unter strenger Aufsicht gegessen werden!

Die 10 cm lange Spielzeugeisenbahn fährt gerade im Bahnhof Windsor ein. Auf dem bespielbaren Broadwood-Klavier liegen Bücher mit Kinderreimen. Rechts neben der Tür steht ein sehr altes Radio. Auf den Regalen drängen sich Plüschtiere, Bücher und Spiele, und Tiere betreten in Zweierreihe die Arche Noah. Ob der Kakadu schließlich auf seiner Stange ausgestopft ist oder sprechen kann, ist unserer Einbildungskraft überlassen.

Die Eckvitrinen im linken Flur enthalten das blaßblaue Wegdwood-Frühstücksservice sowie Marmelade und Plätzchen für die Teestunde.

PETER
PAN

Für das Spielzeugtheater stehen zwei austauschbare Bühnenbilder aus *Peter Pan* zur Verfügung.

Das Steckenpferd ist 63 mm lang.

Ein stabiler Kinderzimmerklapptisch.

Das 14 cm hohe Grammophon kann richtig aufgezogen werden. Siebzig Personen waren an der Fertigstellung dieser Miniatur beteiligt. Eine Platte mit der Nationalhymne liegt auf. Weitere Platten sind u.a. «Rule Britannia» und «Home Sweet Home».

Pomona-Spielzeug, das während der zwanziger Jahre außerordentlich beliebt war.

Das Frühstücksservice in der linken Eckvitrine im Flur ist ein Geschenk von Henrietta Wedgwood. Die Vorräte stammen von bekannten Firmen: Plätzchen von Huntley & Palmer und McVitie & Price oder Marmelade von Tiptree.

16 Wäschekammer, Zimmer der Hausdame, Putzkammer

Die Hausdame tut gut daran, viertel- oder halbjährlich ein Inventar aller ihr anvertrauten Dinge aufzustellen und dieses mit den vorigen Listen zu vergleichen.
Mrs. Beaton's *Household Management,* 1861

Die Wäschekammer ist der größte Raum auf der Ostseite der obersten Etage. Rechts davon liegt das Badezimmer der Dienstmädchen, links das Wohnschlafzimmer der Hausdame.

Die ganze Wäsche im Puppenhaus ist mit Monogramm versehen, Küchenwäsche, Tischtücher, Badetücher, Leintücher, Kissenbezüge, eben die ganze Wäsche, die ein großer Haushalt braucht. Aufbewahrt und gepflegt wird die Wäsche in sechs großen, unbeheizten Wandschränken in der Wäschekammer.

Nach heutigen Maßstäben scheinen solche Wäschevorräte übertrieben, doch damals sollte die Aussteuer einer Braut ein ganzes Leben halten. Daß sich auch heute noch in manchen Haushalten Wäschestücke finden, die weit über 150 Jahre als sind, hat seinen Grund darin, daß man darauf achtete, die Wäsche zwischen Waschen und Gebrauch «ruhen» zu lassen. Zu häufiges Waschen machte die Fasern brüchig; um also die Wäsche strikt reihum gebrauchen zu können, bedurfte es schon eines gut gefüllten Wäscheschrankes. In den zwanziger Jahren gab es bereits Waschsalons; daß auch die Bewohner des Puppenhauses diesen Luxus genießen durften, beweisen die großen Deckelkörbe, die man zu zweit zum Wäschereiauto tragen mußte.

Die Rückenlehnen der Windsor-Stühle tragen die Federn der Prinzen von Wales, das Bild über dem Kamin ist eine Arbeit von Lady Patricia Ramsay.

Nebenan liegt das Zimmer der Hausdame, ausgestattet mit einem der komfortableren Betten, einem bequemen Stuhl und hübschem Porzellan.

Bevor man die oberste Etage über die Hintertreppe oder mit einem der Aufzüge verläßt, sollte man noch einen Blick in die Putzkammer an der Nordseite mit ihren zwei Spülbecken und dem Abtropfregal aus Teakholz werfen. Obwohl damals moderne Annehmlichkeiten wie Staubsauger bereits betriebssicher und verbreitet waren, erwartete man dennoch von Dienstmädchen, daß sie spätestens ab sechs Uhr morgens die unteren Etagen fegte, die Kamine ausräumte und Möbel und Kamingitter auf Hochglanz polierte.

In die Schlafzimmer wurden morgens und abends zum Waschen kupferne, mit heißem Wasser gefüllte Wasserkessel gestellt.

6	Stück	Teetischdecken, Damast
6	Stück	Teetischdecken, Damast, quadratisch
8	Stück	Tischdecken für Beistelltische
4	Dutzend	Servietten
1	Dutzend	Spitzendeckchen, rund und quadratisch
4	Stück	Teetischdecken, Jaquardgewebe, groß
12	Stück	Teetischdecken, Jaquardgewebe, klein
10	Stück	Gerstenkorntücher
2	Dutzend	Servietten für Servierplatten
1	Dutzend	Servietten für Servierplatten, rund
1	Dutzend	Rollhandtücher
1	Dutzend	Schürzen
2	Dutzend	Poliertücher für Gläser
12	Paar	Leintücher, kgl. Familie (groß u. klein)
1 1/2	Dutzend	Kissenbezüge, königliche Familie
2 1/2	Dutzend	Handtücher, kgl. Fam. (Mischgewebe)
6	Paar	Leintücher, Wiege
3	Stück	Kissenbezüge, Wiege
1	Stück	Zierdecke, Wiege
4	Dutzend	Handtücher, Personal, Gerstenkorn
3	Dutzend	Topflappen (gestrickt)
1	Dutzend	Silberputztücher
1	Dutzend	Frotteebadetücher (groß)
1 1/2	Dutzend	Frotteebadetücher
1	Paar	Frotteebadematten
2	Stück	Leintücher, gummiert für Wiege
4	Stück	Baumwollflanellbadetücher, Baby
2	Stück	Baumwollflanellbadematten, Baby
6	Paar	Bettbezüge, kgl. Familie (groß u. klein)
4	Paar	Bettbezüge, Wiege
16	Paar	Bettbezüge, Personal
16	Stück	Leintücher, Personal
16	Stück	Kissenbezüge, Personal

GRI
GRI
GRI
GRI
GRI

Vorhergehende Seite:
Die Wäsche wurde in Nordirland genäht und ist die Arbeit einer franko-irischen Dame, die 1500 Stunden ihres Lebens für das Nähen, Säumen und Besticken jedes Stückes opferte.

Die Wäsche ist mit verschiedenfarbigen Bändern gebündelt, damit man auf den ersten Blick die Zugehörigkeit — Kinderzimmer, Personal oder Küche — erkennen kann.

Zur Zeit des Hausbaus waren elektrische Bügeleisen noch etwas Neues.

Die Pflege und Ausbesserung der Wäsche für das ganze Haus oblag der Hausdame.

Nähmaschine mit Tretantrieb.

Das Zimmer der Hausdame.

Die Putzkammer.

Polier- und Reinigungsmittel sind heute noch fast dieselben wie damals.

Lutyens liebte holländische Fliesen, außerdem sind sie typisch für die damalige Zeit. Diese Fliesen wurden nach bereits existierenden Mustern handbemalt und gebrannt.

17 Die Aufzüge

Niemals zuvor gab es ein Puppenhaus, das sowohl mit einem Herrschafts- als auch mit einem Dienstbotenaufzug ausgestattet war. Diese Aufzüge wurden eigens für das Puppenhaus von der Firma Waygood Otis Ltd. konstruiert und angefertigt, die noch weltweit im Aufzugbau tätig ist.

Beide Kabinen hängen an richtigen Metallbügeln, die eingebaute Absturzsicherung ist jedoch wegen der geringen Modellgröße nur eine Attrappe.

Antrieb und Steuerung befinden sich in einer Kammer unter dem Dach. Die Zugseile, vier an jeder Kabine, sind aus Angelschnur, die sich für diesen Zweck als am besten geeignet erwies.

Der Personenaufzug für die Herrschaften beginnt im rechten Erdgeschoßflur neben der Eingangshalle und bedient die drei Hauptetagen. Er wird vollautomatisch über Druckknöpfe auf jedem Stockwerk gesteuert und kann von jeder der Hauptetagen aus gerufen werden.

Den Lasten- oder Dienstbotenaufzug erreicht man vom Hintertreppenhaus; er wird über drei «Halbautomatik»-Knöpfe gesteuert, wobei sich mit dem dritten der Aufzug an jeder beliebigen Stelle anhalten läßt. Als einziges Zugeständnis an die maßstäbliche Größe mußten die Rufknöpfe außerhalb der Kabinen angebracht werden.

Die Kabine des Herrschaftsaufzugs ist aus poliertem Mahagoni mit einem Boden aus Eichen- und Nußbaumparkett. Die Kabine ist 10 cm breit, 18 cm hoch und 14 cm tief.

Der Dienstbotenaufzug besteht aus hellem, poliertem Eichenholz, hat keine Sitzbank und ist nur 9,5 cm tief.

18 Die Kellerräume

Es gibt fünf Gründe, warum zu trinken sei:
ein guter Wein — ein Freund — der Durst allein —
doch auch die Furcht, die Kehle könnte nächstens trocken sein —
ich denk', mir fällt so mancher guter Grund noch ein.
Henry Aldrich, 1648—1710

Über eine Hintertreppe gelangt man in das nach Süden liegende Kellergewölbe, das in neun Buchten aufgeteilt ist. Die eine Hälfte wird traditionsgemäß für die Lagerung der Weine des Hauses in Flaschen und Fässern genutzt, die andere dient zur Aufbewahrung von getrockneten Lebensmitteln, Konserven und Flaschen.

Die Auswahl der Weine, die im Puppenhaus lagern, wurde mit größter Sorgfalt und Kennerschaft getroffen. Diese Aufgabe übernahm Francis Berry, damals Seniorpartner von Berry Bros & Co. in der Londoner St. James Street 3, der Großvater des heutigen Geschäftsführers von Berry Bros. & Rudd Ltd.

Auch wenn sich Francis Berry rein aus Freundschaft mit Lutyens um den Weinkeller kümmerte, kann hier von «Vetterleswirtschaft» keine Rede sein. Berry's gehörte zu den ältesten Firmen im Weinhandel (gegründet 1699) und erhielt unter König Edward VII. das Prädikat «Königlicher Hoflieferant», eine Auszeichnung, der sich das Unternehmen heute noch rühmen darf. Bis zum Neubau Anfang des 18. Jahrhunderts befand sich Berry's Betrieb in der St. James Street 1. Den heutigen Firmennamen, Berry Bros. & Rudd Ltd. führt das Unternehmen seit 1943.

Für einen heutigen Weinkenner ist das Kellerbuch des Puppenhauses eine interessante Lektüre, bei der er von den Freuden beim Öfnnen der einen oder anderen Flasche träumen kann. Anthony Berry, Francis' Sohn, sagt: «Ich wüßte nichts, was ich nicht auch heute noch mit Vergnügen trinken würde.»

Der Vorrat sollte allerdings nur für relativ kurze Zeit reichen. In den zwanziger Jahren lagerten die Besitzer großer Weinkeller, anders als heute, Weine nicht zum Genuß irgendwann in der Zukunft ein, ausgenommen vielleicht Jahrgangs-Portweine. Da es zwischen den beiden Weltkriegen in England keine Inflation gab, konnten die Weinhändler Wein in großen Mengen auf Lager nehmen, der innerhalb von zwei Jahren trinkreif war. So konnten die wöchentlichen Lieferungen der Berry Bros. an die Weinkeller des englischen Adels und der Oberschicht dreißig Dutzend oder mehr Flaschen zum sofortigen Gebrauch umfassen. Die heutige Tendenz, Wein im Hinblick auf steigende Preise in großen Mengen zu ordern, hat dazu geführt, daß Besitzer nicht unterkellerter Häuser ihre Vorräte direkt beim Weinhändler lagern müssen.

Hatte der Hausherr sich seinen Wein für den Tag ausgesucht, oblag dem Butler die Präsentation bei Tisch. Rotweine und Portweine waren zu dekantieren: Portwein am selben Tag, an dem er getrunken werden sollte, aber so früh wie möglich; Burgunder etwa zwei bis drei Stunden vor dem Genuß in eine Karaffe, die zimmerwarm und unverschlossen zu halten war, damit der Wein «atmen» konnte.

Bevor der rostfreie Stahl aufkam, verwendeten größere Haushalte eine Messerreinigungsmaschine. Schleifpulver in der Maschine reinigte die mit der Schneide voraus eingeführten Messer. Die Bürsten in der Maschine zu säubern, war recht zeitraubend, vor allem wenn sich Fettreste an den Messern befunden hatten. Im Keller des Puppenhauses steht eine Messerreinigungsmaschine von Kent.

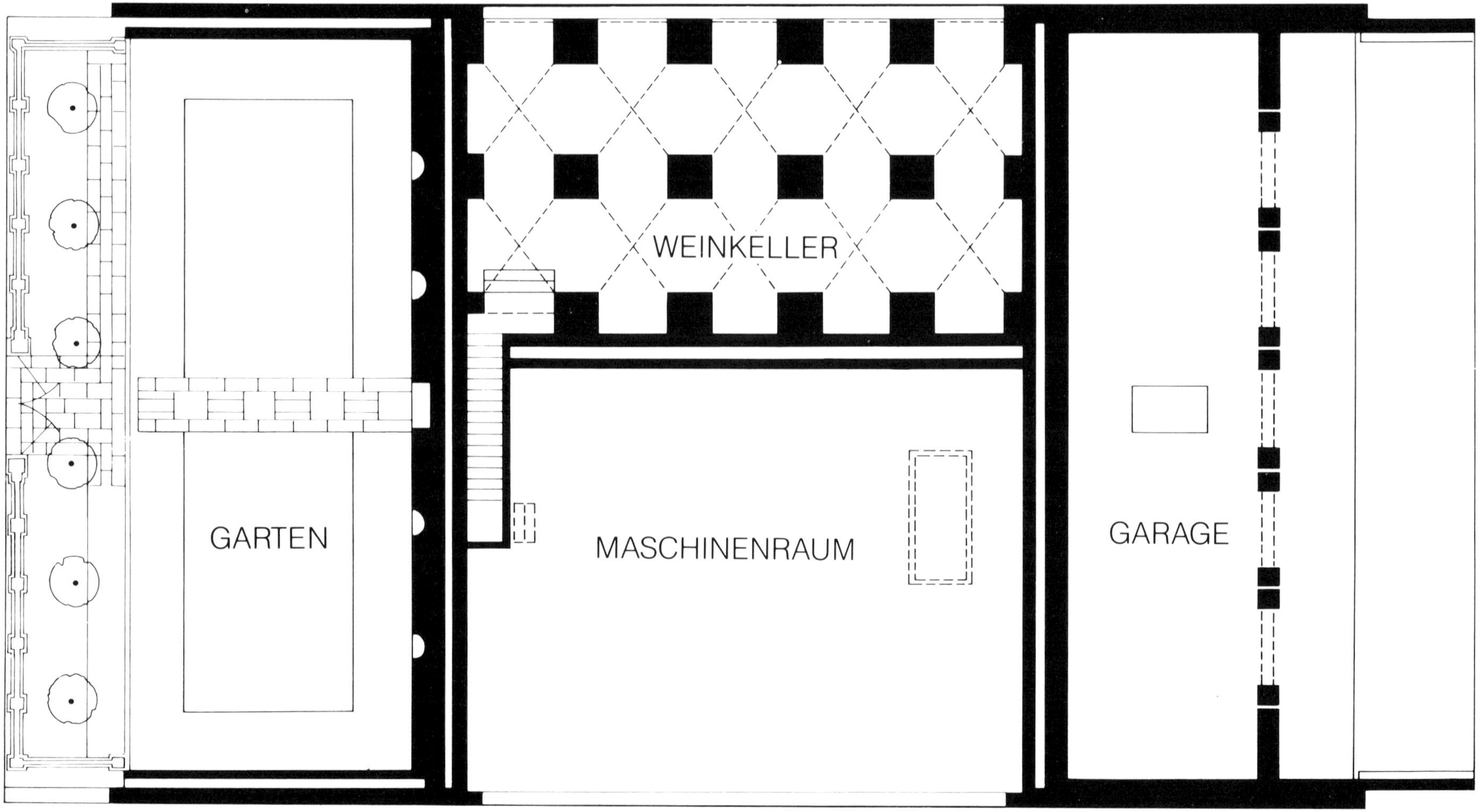

UNTERGESCHOSS

(Im Maßstab ca. 25% verkleinert)

Die Korken saßen fest genug, um den Wein vierzig bis fünfzig Jahre lang in gutem Zustand zu erhalten, aber es versteht sich, daß nach sechzig Jahren eine gewisse Verdunstung eingetreten ist.

Der Eisschrank im Keller ist ein Vorläufer des heutigen Kühlschranks. In dem gekachelten Teil wurden Fleischstücke aufgehängt. In den verzinkten Schubladen lagen Eisbarren, die wöchentlich vom Fischhändler geliefert wurden.

Die Messerreinigungsmaschine und eine Auswahl aus der Vorratskammer.

Pascall
BARLEY SUGAR
LEMON

PASCALL'S
PRINCESS SATINES
BARLEY SUGAR
LEMON
MINT BULLS EYES
Not eatable.

FRANK COOPER'S
"OXFORD"
SEVILLE MARMALADE
OXFORD.
Olde English Marmalade
CHIVERS & SONS LTD
STRAWBERRY JAM
CAMBRIDGE

Rowntree's Toffee
ROWNTREE'S CLEAR GUMS
ROWNTREE'S CLEAR GUMS

SALT."
COFFEES
PROTECTION FROM FIRE
ROYAL PATENT
BRYANT & MAY'S
SPECIAL SAFETY MATCH

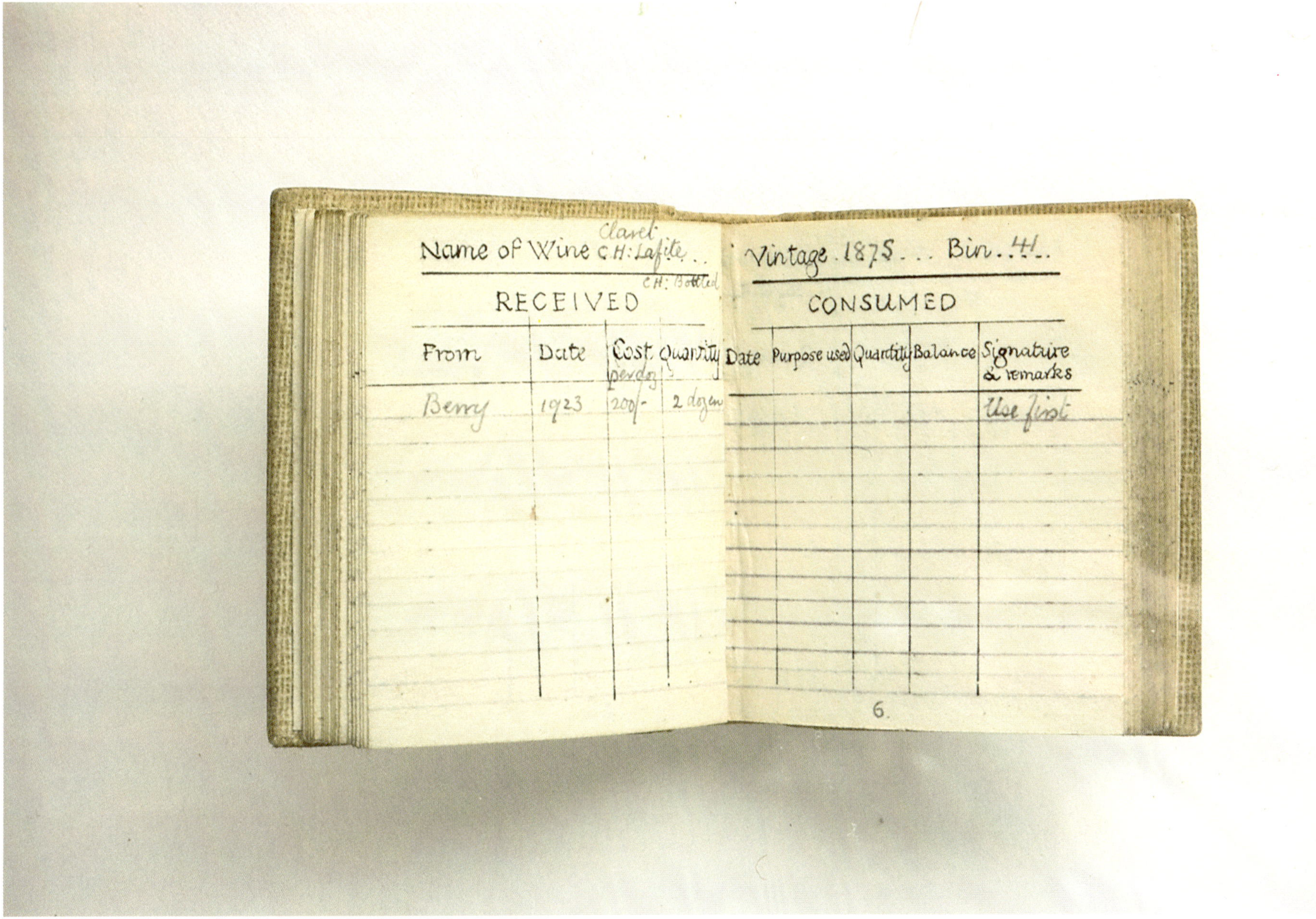

Jede entnommene Flasche Wein trug der Butler peinlichst ins Kellerbuch ein, das genauen Aufschluß über die Kellervorräte gab.

In den zwanziger Jahren trugen Jahrgangs-Portweine keine Etiketten. Ein weißer Farbtupfer gab an, welche Seite beim Einräumen in die Regale oben zu liegen hatte.

Alle Flaschen wurden in der Whitefriars Glass Co. maßstabsgetreu mundgeblasen. Authentische gedruckte Etiketten wurden fotografisch verkleinert und die Flaschen mit den entsprechenden Jahrgängen gefüllt.

Das Füllen der Flaschen erwies sich als äußerst kompliziert. Der Wein wurde mit Hilfe winziger Glaspipetten in die Flaschen praktiziert, auch wenn der Champagner dabei seine Perlen einbüßte, bevor man ihn endlich in der Flasche hatte!

Colman's Senf, Lea & Perrins Worcestersoße, Shippham's Würzpaste, Jackson's Weinessig sowie die Toilettenseifen von Pears und Atkinson werden zwar im Vorratsjournal nicht erwähnt, sind aber trotzdem überall im Haus zu finden.

Auf Kerzenhalter konnte in keinem Keller verzichtet werden. Wein wurde über Kerzenlicht dekantiert, damit sofort unterbrochen werden konnte, wenn der Wein trübe wurde oder sich die ersten Anzeichen von Depot zeigten. Heutzutage wird das Dekantieren für gewöhnlich vor einer Glühbirne oder einem weißen Hintergrund vorgenommen.

Bass' Bier war als Erfrischung sehr beliebt beim Personal.

BASS RATCLIFF &
GRETTON LT
BURTON-ON-T
1923
BASS BURTON
RATCLIFF &

Weinkeller

Dutzend	CHAMPAGNER	Jahrgang
5	Veuve Clicquot	1906
5	Pommery & Greno	1915
5	Louis Roeder	1911
5	G. H. Mumm & Co.	1911
2	G. H. Mumm & Co.	1911 (Magnum)
	CLARETS	
2	Château Lafite, Grand Vin	1875
2	Château Haut-Brion	1888
2	Château Margaux	1899
2	Château Le Prieuré	1918
	PORTWEIN	
2	Cockborn Smithes & Co.	1878
2	Taylor Fladgate	1896
2	Warre	1900
2	Fonseca	1908
2	Dow	1912 (Magnum)
2	Royal Tawny	
	SHERRY	
2	Amoroso Pale Golden	
2	Oloroso Puro	1872
	MADEIRA	
2	Finest Bual	
	WEISSE BURGUNDER	
2	Montrachet	1889
2	Graves-Supérieur	
2	Chablis-Moutonne	1904
	SAUTERNES	
2	Château Yquem	1874
	BURGUNDER	
2	Romanée	1904
	RHEINWEIN	
2	Rüdesheimer	
	COGNAC	
2	Grande Fine Champagne	1854
1	Hennesy's ✳✳✳	
	GIN	
2	Dry London Gin	
	RUM	
1	Fine Old Jamaica Rum	
	SCOTCH WHISKY	
1/4 Faß (127 l)	G. & J. G. Smith's Glenlivet	1910

Dutzend	FRANZÖSISCHER WERMUT
2	Noilly Prat, Literflaschen
	ITALIENISCHER WERMUT
2	Martini Rossi
	LIKÖRE
1	Pères Chartreux Gelb, Literflaschen
1	Bénédictine, D.O.M.
1	Riga Kümmel, Fleur de Cumin
1	Sloe Gin
1	Cherry Brandy
1	Apricot Liqueur
1	Crème de Menthe, Cusenier
	(alle abgefüllt von Berry Bros. & Co.)
	SONSTIGES
1	Gilbey's Champagne Brandy (eine Kiste)
1	Gilbey's Whisky (eine Kiste)
2	Gilbey's Tawny Port (zwei Kisten)
1	Gilbey's Château Laudenne (eine Kiste)
1	Gilbey's Vintage Claret
4	Bass Pale Ale (in zwei Kisten à ein Dutzend)
8	Bass Pale Ale
4	Bass King's Ale (in zwei Kisten à ein Dutzend)
1	Bass King's Ale
2 Kisten	Bass Pale Ale
12 Kisten	Johnnie Walker Whisky

Lebensmittelvorräte

1 Kiste Tee
2 Päckchen Tee
2 Büchsen Kaffee
1 Dutzend Büchsen Kakao
4 Dutzend Büchsen Kondensmilch
1 Büchse Milchpulver
2 Dutzend Gläser Marmelade
18 Gläser Orangenmarmelade
1 Packung Gelatine
2 Flaschen Weinessig

2 Flaschen Salatöl
6 Flaschen Limonensaft
4 Dutzend Schachteln Schokolade
2 Kistchen Schokolade
6 Büchsen Gummibonbons
6 Büchsen Kaffee
6 Gläser Bull's Eyeys [Bonbons]
6 Flaschen Maltex [Malzextrakt]
6 Gläser Satines [Gebäck]
6 Gläser Malzzucker

Sonstige Vorräte

6 Dosen Nugget-Schuhcreme
2 Riegel Kernseife
6 Dosen Ronuk-Scheuerpulver
1 Schachtel Sunlicht-Seife

1 Dutzend Schachteln «Bromo»-Papier
3 Gros Streichholzschachteln
3 Schachteln Pfeifenhölzer
3 Dutzend Pakete Pfeifenhölzer

19 Die Garage

Poesie der Bewegung!
Die wahre Art, zu reisen!
Die einzige Art, zu reisen!
Kenneth Graham, 1859—1932

Bei der Ausstellung des Puppenhauses auf der Wembley Exhibition erregten die sechs Autos in der Garage viel Aufsehen. Obwohl bereits billigere Autos aufkamen, galt der Besitz eines Autos nach wie vor als Privileg der Reichen. Die zwanziger Jahre waren das goldene Zeitalter des Automobilbaus. Die pferdelosen Kutschen aus dem vorigen Jahrzehnt wichen Autos von eigenständiger Formgebung.

Die großen Autofabrikanten Englands, darunter Daimler, Lanchester, Rolls-Royce, Sunbeam und Vauxhall, die alle im Puppenhaus vertreten sind, boten zwar für ihre Motoren und Fahrgestelle Standardkarosserien an, doch die Besitzer dieser Autos ließen sich normalerweise von Stellmachern spezielle Karosserien nach ihren eigenen Wünschen und Bedürfnissen anfertigen. Alle Firmen, die für die Garage des Puppenhauses eines ihrer Sondermodelle stifteten, lackierten die Karosserien in Schwarz und Dunkelbraun, den Farben der königlichen Livrée.

Von 1900 bis 1943 lieferte Daimler die königlichen Staatskarossen, diese Tradition hatte ihren Ursprung bei Edward VII. Die Staatskarossen der Königin kommen heute von Rolls-Royce.

Die Garage ist in eine Schublade auf der Westseite des Sockels eingebaut. Zieht man die Schublade heraus, kommen die versteckten Säulen zum Vorschein, welche die Garage bis auf Erdgeschoßhöhe in fünf Stellplätze unterteilen. Die Ladeklappe wird in waagerechter Position befestigt und bildet so einen kleinen Vorhof, dessen Bodenbelag roten Klinker imitiert.

Ein Fahrrad war ein wertvoller Besitz, gute Pflege zahlte sich aus. Die Bremsen dieses Rads sind vollkommen funktionstüchtig.

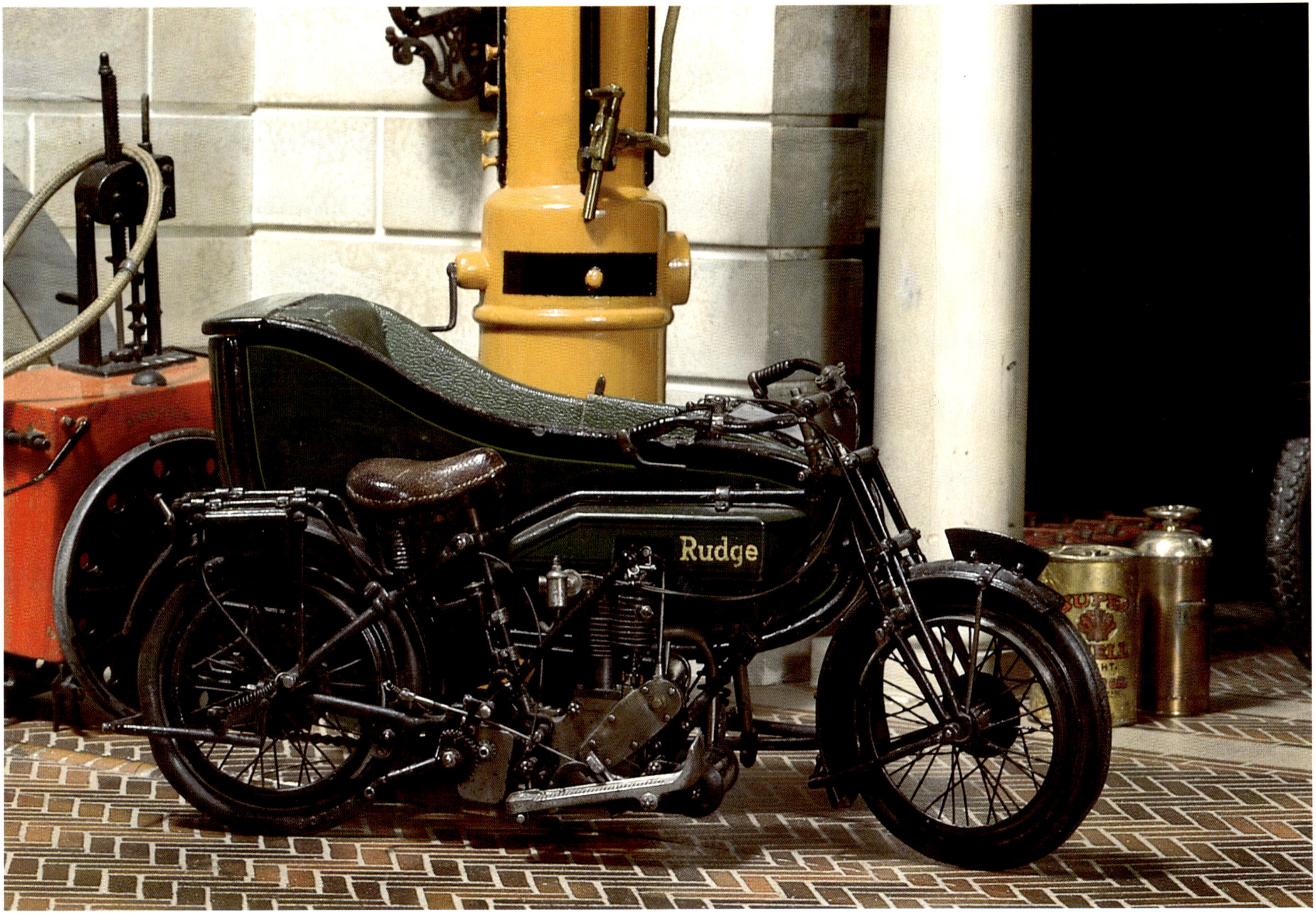

Ein echtes Rudge-Motorrad mit Beiwagen kostete zwischen 1920 und 1924 £ 95.

Ein 40/50 HP siebensitziges Rolls-Royce Silver Ghost Limousinen-Landaulet, Baujahr 1923. Die Reifen sind ein Geschenk der Dunlop Rubber Co. Ltd., die Karosserielackierung wurde von F. W. Hooper von Hooper & Co. Ltd. ausgeführt. Das Modell wiegt etwa 1,8 kg, das Original dagegen ca. 2,4 t.

Ein fünfsitziger 14/40 HP Vauxhall. Die Plakette auf dem Kühler wurde von der W. O. Lewis Ltd. angefertigt.

Ein viersitziger, offener Sunbeam 20/60 HP Tourenwagen, Baujahr 1923. Dieses Auto hat Bremsen an Vorder- und Hinterrädern und kann so auch aus hohen Geschwindigkeiten sicher abgebremst werden. Das Modell wiegt 1,76 kg gegenüber dem 1,59 t schweren Original.

Das Modell der 40 HP Lanchester Limousine, Baujahr 1922—23, ist 37 cm lang. Es stammt von der Twining Model Co., die Räder sind von der Rudge-Withworth Co., die Reifen von der Dunlop Rubber Co. Ltd.

Eine Daimler-Limousine, Karosserie von Barker & Co. Ltd.

Ein Daimler-Kleinbus, hergestellt von der Twining Model Co. Ltd.

Monogramm des Königs auf der linken Türe des Vauxhall.

Das königliche Wappen auf dem Daimler-Kleinbus.

Monogramm der Königin an der Tür der Daimler-Limousine.

Die Speichenräder des Vauxhall, nach einem Patent von Rudge-Withworth. Nur Rolls-Royce baute eine Eigenentwicklung.

Reiseflaschen mit Silberverschluß, bequem in der hinteren Türe des Rolls-Royce untergebracht.

Lanchester baute das erste britische Auto mit Benzinmotor. Königin Marys Sohn, der Herzog von York (später König Georg VI.), hatte privat mehrere dieser Wagen. Das Unternehmen wurde Ende der zwanziger Jahre von Daimler übernommen.

Eine mobile Tanksäule von Bowser, mit ihr wurden die Wagen betankt oder entleert.

Inspektions-Grube und Werkbank.

Der Daimler-Kleinbus, dessen Sitze längs angeordnet sind, wurde auch zur Beförderung von Personal und Gepäck verwendet. Dieser Wagen ist der größte in der Garage, 45,7 cm lang, 15 cm breit und 19 cm hoch.

Große Wohnsitze hatten normalerweise eine eigene Zapfsäule und eigenes Feuerwehrgerät.

BP
Castrol
SHELL
SHELL
AVIATION SPIRIT
SHELL
AVIATION SPIRIT
"BP" MOTOR SPIRIT
SUPER SHELL MOTOR OIL
WAKEFIELD
Castrol
MOTOR OIL

20 Der Garten

Mit Sicherheit läßt sich sagen,
daß die ganze Kunst des Gärtners darin besteht,
die richtige Pflanze an den richtigen Platz zu setzen.
Gertrude Jekyll, 1922,
aus ihrem Buch in der Bibliothek in Königin Marys Puppenhaus

Gertrude Jekyll war fünfundvierzig Jahre alt, ein exzentrisches altes Fräulein, von ihrer Kurzsichtigkeit mehr und mehr an der Ausübung ihrer vielen Talente, insbesondere ihres gartengestalterischen Könnens gehindert, als sie im Jahre 1889 Sir Edwin Lutyens kennenlernte.

Der zwanzig Jahre jüngere Lutyens hegte damals schon die Vorstellung, daß erst ein Garten das Erscheinungsbild eines Hauses vervollständige. Die beiden Geister vereinigten sich zu einer fruchtbaren und erfreulichen Zusammenarbeit: Er ersetzte ihr die Augen, den Weitblick, sie beflügelte mit ihrem Wissen über Pflanzen und Botanik seine Inspiration.

Über hundert Arbeiten führten sie gemeinsam aus, und obwohl Miss Jekyll zur Zeit des Puppenhausbaus bald achtzig Jahre alt und beinahe völlig blind war, erfüllte es sie mit großer Befriedigung, den Garten gestalten zu dürfen. Ihr Vermächtnis ist ein beständiger Einblick in die Gartenbaukunst Englands zur damaligen Zeit.

Der Garten mit seinen 5 cm hohen Bäumen, rankenden Rosen und einem prächtigen zweiflügeligen Eisentor ist in eine Schublade des Sockels eingebaut und knapp 28 cm tief. Ein vorgebauter, unbeweglicher Garten hätte den Einblick in das Haus von der Ostseite her unmöglich gemacht.

Das Problem, die Schublade schließen zu können, wurde gelöst, indem man die Bäume vor dem Tor und der Balustrade befestigte und zwischen Bäumen und Blumenbeeten ein unsichtbares Scharnier in Gartenbreite anbrachte. Klappt man das Vorderteil der Lade hoch, dann kommen die Bäume, das Tor und die Balustrade waagerecht über den Blumenbeeten und Hecken zu liegen, und die Schublade läßt sich in den Sockel schieben. Soll jedoch der Garten zur Schau gestellt werden, zieht man die Schublade ganz heraus und läßt die vordere Klappe herunter; die Bäume, das Tor und die Balustrade stehen wieder senkrecht, und eingerahmt von den Seitenwänden der Lade, welche die Gartenmauern bilden, ist der Garten perfekt.

Gertrude Jekyll bat wegen ihrer Sehschwäche zwei Freundinnen, Beatrice und Helen Hinley, die Bäume und die Blumen anzufertigen. Viele Stunden Studieren und Probieren waren vonnöten, um wirklich authentische Miniaturen und realistische Farbgebung der Pflanzen aus Metall zu erzielen. Alles ist maßstabsgetreu, botanisch korrekt und entstand nach Studien in den Kew Gardens. Die beiden Schwestern zeichnen auch für die Blumenschalen überall im Haus verantwortlich. Die Töpfe und Kübel dafür stellten sie aus Fadenrollen her.

Sommerbeete mit Tigerlilien, Nelken, Ziererbsen, Mohnblumen, Tagetes, Fuchsien und Genziana. Die Nachbildung der Buchsbaumhecke erwies sich als besonders schwierig. Schließlich wurde sie aus speziellem Gummi angefertigt und mit der Hand bemalt.

Die Bäume sind am Boden festgeschraubt, Stämme und Blätter sind aus Metall, dazwischen stecken eigens gezüchtete Zwergäste. Jedes einzelne Blatt wurde von Hand geformt.

Einer der beiden knapp 9 cm langen Kinderwagen.

Die Gartengeräte sind etwa 13 mm lang.

Der Atco-Motormäher mit der abnehmbaren Motorhaube ist 82 mm hoch.

Der schwere Handmäher ist 44 mm breit.

Das Gras ist aus grünem Samt.

Zwei eichene Gartenbänke nach Entwürfen von Lutyens.

Die «Erde» in den Blumentöpfen wurde mit Sandpapier aufgerauht und mit brauner Schuhcreme eingefärbt. Agaven im Topf (rechts) waren eine Jekyll-Spezialität.

Da die Räder eines Rasenmähers außerhalb der Messer stehen, faßte man Rasenkanten gewöhnlich mit einer Steinkante ein, auf der dann die Räder des Mähers laufen konnten.

Ein Vogel sitzt im Nest und brütet.

21 Das Puppenhaus heute

Häuser werden zum Wohnen gebaut und nicht zum Anschauen;
so möge der Nutzen dem Gleichmaß vorgezogen werden,
es sei denn beide gehen in eins.
Francis Bacon, 1561—1626

Etwa sechzig Jahre sind vergangen, seit das Haus gebaut wurde, und diese Zeit hat, wie in vielen anderen Häusern auch, ihre Spuren hinterlassen. An vielen unzugänglichen Stellen hat sich Staub festgesetzt, die Wände sind verblaßt, und die Malereien zeigen nicht mehr ihre ursprüngliche Farbe.

1972 kündigte die Presse an, das Haus werde für etwa zweieinhalb Monate geschlossen. In dieser Zeit wurden alle Stücke aus dem Haus von Restauratoren des Victoria und Albert Museums von Grund auf überholt. Die Autos wurden vom Science Museum restauriert.

Elektrik, Mechanik und die Wasserversorgung wurden erneuert. Wasserhähne und Wasserrohre waren noch relativ gut erhalten, doch die elektrischen Leitungen hatten eine Generalüberholung bitter nötig. Mit Hilfe von etwa 1100 m speziell angefertigtem Miniaturkabel wurde die Verkabelung der 70 Anschlüsse von 4 Volt Gleichstrom auf 24 Volt Wechselstrom umgestellt. Die Beleuchtung erfuhr eine Neuanordnung, um bessere Sicht durch die Glasvitrine zu ermöglichen. Ein Schaltpult wurde in einem kleinen Raum außerhalb des Puppenhauses eingerichtet. Jedem Raum wurde ein unabhängiger Schaltkreis installiert, so daß die Lichter beliebig ein- und ausgeschaltet werden können.

Der Kristallüster im Schlafzimmer der Königin wurde mit Hilfe eigens entwickelter Glühbirnen in Miniaturfassungen ebenfalls auf elektrisches Licht umgestellt. Auch die alten Aufzüge erhielten elektrisches Licht und wurden mit neuen Motoren ausgestattet.

Der Mechanismus der heb- und senkbaren Fassade wurde überholt und mit neuem Elektromotor, Getriebe und Regulierung der Tragkabel versehen.

Das Puppenhaus kann heute also sorglos in die Zukunft blicken, in der auch künftig Alt und Jung aus aller Welt zum Puppenhaus reisen wird, um etwas besichtigen zu können, was völlig zu Recht das schönste Puppenhaus der Welt genannt wird.

E. O. Warner von James Purdey & Sons Ltd. mit dem Original des Firmenjournals, in das vor 65 Jahren die beiden Flinten für das Puppenhaus eingetragen wurden. 1918 trat der 1896 geborene Warner bei Purdeys ein und blieb Zeit seines Lebens dort beschäftigt.

Die Schiebefenster mit Doppelaufhängung und Gewichten.

Abgegriffene Bemalung im Schlafzimmer der Königin.

Hinter einem der Porträts im Salon kann man noch sehen, welche Farbe die Damastbespannung an den Wänden ursprünglich hatte. Die Seidenbespannungen und ein Großteil der Läufer und Teppiche wurden in der Gainsborough Silk Weaving Co. gewebt.

Die Kratzer auf dem Messingtürschloß zeugen vom Verschleiß im Lauf der Jahre. Alle Schlösser im Puppenhaus sind noch vollkommen funktionstüchtig.

Vorder- und Rückseite des Teppichs im Schlafzimmer der Königin. Er wurde von behinderten Kindern in der Webereischule von Stratford-on-Avon gewebt.

Literatur

Zur Vertiefung des Themas sei auf folgende Bücher verwiesen, die aber nur in *englischer* Sprache vorliegen:

Prinzessin Marie Louise: My Memories of Six Reigns, Evans Bros., 1959
Mary Lutyens: Edwin Lutyens, John Murray, 1950
Christopher Hussey: The Life of Sir Edwin Lutyens, Country Life, 1950

Große Bibliotheken mögen auch noch die beiden folgenden Titel präsent halten:

— The Book of the Queen's Dolls' House
— The Book of the Queen's Dolls' House Library

Beide Titel (ohne Jahreszahl) wurden von C. Benson CVO und Sir Lawrence Weaver, KBE, herausgegeben.